# CURS DE ŞAH ŞI MANAGEMENT ŞTIINŢIFIC

Copyright © 2014 Constantin V. Mihăescu

Toate drepturile rezervate

ISBN-13: 978-1502558275

ISBN-10: 1502558270

CONSTANTIN MIHĂESCU

# CURS DE ŞAH ŞI MANAGEMENT ŞTIINŢIFIC

Management training utilizând modelul universal de organizare şi management, jocul de şah online sau contra calculator şi studiul partidelor titanilor şahului

Editura CreateSpace

US-WA-Seattle, 2014

www.createspace.com

*„Rolul unui manual de şah este acela de a te învăţa să gândeşti independent, pentru a te putea descurca singur în toate situaţiile"* Dr. Max Euwe

*„Şahul este viaţă".* Robert James Fischer

Memoriei dragi

a tatălui meu

Victor

# Cuprins

Mulțumiri

Introducere ................................ 1

**Partea întâi - CONCEPTELE DE BAZĂ ALE MANAGEMENTULUI ȘTIINȚIFIC**

1  De ce avem nevoie de o viziune sistemică științifică asupra conceptelor .......................... 11

2  O lege a naturii: Modelul universal al organizării și managementului. Noi definiții ale conceptelor .... 17

3  Organizarea și managementul afacerilor în viziune sistemică. Ghid pas cu pas ................... 25

**Partea a doua - OPTIMIZAREA GÂNDIRII ÎN PARTIDA DE ȘAH**

4 Optimizarea gândirii prin organizare sistemică şi management ştiinţific ...... 31

5 Cerinţe de organizare şi management ale gândirii jucătorului de şah pentru a folosi eficient toate resursele ...... 39

6 Modelul partidei de şah ca sistem cibernetic ... 45

**Partea a treia - STUDIUL DIDACTIC APLICATIV AL PARTIDELOR CÂŞTIGATE ÎMPOTRIVA CALCULATORULUI**

7 Partide câştigate de fostul campion mondial Garry Kasparov împotriva calculatorului IBM Deep Blue. Limitarea activă a jocului adversarului ...... 55

8 Partide câştigate de autor împotriva calculatorului WinBoard 2.0 folosind managementul ştiinţific ... 69

9 Rezumat ...... 121

10 Bibliografie ...... 123

11 Despre autor ...... 125

# Mulţumiri

Sunt recunoscător Universităţii Transilvania din Braşov pentru că m-a format ca inginer şi apoi ca informatician şi m-a sprijinit de-a lungul timpului în prezentarea şi publicarea rezultatelor cercetărilor mele, inclusiv a articolului *The Universal Law of Organization* care constituie baza ştiinţifică a acestei cărţi.

Exprim sincere mulţumiri editoarei April Bogdon de la CreateSpace Amazon Company din SUA şi scriitoarei redactor la aceeaşi editură Libbye Morris, de la care am învăţat multe despre tehnicile de self-publishing şi despre arta scrisului în etapa de pregătire a textului bun de tipar al primei mele cărţi publicată în limba engleză la această prestigioasă editură.

Mulţumiri aparte adresez domnului Assoc. Prof. Ph. D. Marin Vlada, University of Bucharest

Department of Applied Mathematics and Computer Science, care m-a invitat să înscriu o lucrare la UB CNIV 2014, invitație în urma căreia am scris această carte.

Și nu în ultimul rând, adresez călduroase mulțumiri nepoatei mele Prof. Andreea Raluca Vasile pentru sfaturile înțelepte ce mi le-a dat în timp ce lucram la această carte, sfaturi care mi-au fost și-mi sunt încă de mare folos.

Constantin Mihăescu

# Introducere

Acest curs de şah şi management ştiinţific este adresat elevilor din ultimii ani de liceu, studenţilor şi managerilor de afaceri mici şi mijlocii, tuturor celor ce doresc să-şi optimizeze deciziile. El prezintă două dintre cheile succesului în viaţă şi pentru afaceri profitabile: 1) O *viziune sistemică ştiinţifică* asupra tuturor lucrurilor, fenomenelor şi conceptelor şi 2) O definiţie absolut nouă pentru *management* bazată pe *Modelul universal al organizării şi managementului* - un adevărat ghid de management sistemic pentru maximizarea profitului.

Cursul constituie o reacţie firească la creşterea tot mai accentuată a complexităţii problemelor în economie, fapt ce generează necesitatea creşterii corespunzătoare a eficienţei metodelor de soluţionare, care din păcate şi-au dezvăluit clar limitele cu ocazia recentei crize economice mondiale.

Abordarea științifică a conceptelor este vitală pentru o mai eficientă organizare și conducere a afacerilor mici și mijlocii existente, pentru crearea de noi afaceri profitabile și în general în soluționarea problemelor complexe de viață.

Primele cercetări pentru un management științific au fost efectuate la începutul secolului XX de către inginerul american Frederick Winslow Taylor.

El este primul care a susținut necesitatea de a se stabili (citez) "...o serie de reguli, legi și formule care să înlocuiască judecata fiecărui individ în parte dar care pot fi folosite efectiv numai după ce au fost consemnate oficial" (din lucrarea lui "Principiile managementului științific"). [1]

La scurt timp după apariția acestei lucrări, inginerul francez Henri Fayol a identificat cinci funcții ale managementului general: previziunea, organizarea, comanda, coordonarea și controlul.[2]

În scopul susținerii și completării acestor idei, cartea de față vă oferă cele mai noi rezultate ale cercetărilor autorului.

*"Cercetarea ştiinţifică se întemeiază pe presupunerea că toate evenimentele, inclusiv faptele oamenilor, sunt determinate de legile naturii"*, spunea Albert Einstein.

Această presupunere a marelui om de ştiinţă a stârnit curiozitatea autorului şi dorinţa lui de a încerca să afle dacă există şi pentru activităţile de organizare şi conducere o lege a naturii care le guvernează fără ca noi să ne dăm seama, aşa cum s-a întâmplat şi în cazul celorlalte legi ale naturii până au fost descoperite.

Fără a se fi referit explicit vreodată la ea, este uşor de presupus că Einstein a intuit existenţa unei asemenea legi şi că ar fi descoperit-o şi publicat-o dacă ar mai fi trăit.

Iată ce scria el în 1905, cu 50 de ani înainte de a muri: *"Vreau să ştiu cum a creat Dumnezeu lumea. Nu mă interesează cutare sau cutare fenomen, spectrul unuia sau altuia dintre elemente. Vreau să aflu gândurile Lui. Restul sunt detalii"*.

Iar mai târziu preciza: *„Ca om de ştiinţă, cred că natura este o structură perfectă, privită din perspectiva raţiunii şi analizei logice"*.

Viaţa e o continuă luptă pentru a supravieţui şi a ne

vedea atinse scopurile și este guvernată de legile naturii și ea, cu toate activitățile ce o compun, inclusiv cu cele de organizare și conducere a afacerilor.

Din nefericire, în această luptă deloc ușoară, de regulă nu folosim întreaga *structură perfectă* a creierului, toate resursele și posibilitățile noastre mentale, sau le folosim ineficient, la întâmplare, fără metodă. Și nu de puține ori, aceasta e cauza principală a înfrângerilor și pierderilor noastre.

Veți înțelege din lectura cărții de față cât de necesar este un studiu amănunțit și metodic al procesului afacerii dumneavoastră și necesitatea asigurării folosirii raționale a tuturor resurselor și posibilităților disponibile printr-o organizare sistemică și un management științific, în deplină concordanță cu toate legile naturii.

Fără acest studiu amănunțit, efectuat după o metodă modernă, eficientă, este foarte greu de descoperit toate ideile și deciziile necesare maximizării profitului.

Pentru a ajunge să avem o gândire de manager metodică, performantă, trebuie să învățăm cât mai mult de la natură, deținătoarea celor mai complexe și bine organizate sisteme.

În acest sens poate fi folosită cu succes legea naturii la a cărei posibilă existenţă şi căutare m-am referit în treacăt mai înainte şi pe care am descoperit-o recent după o îndelungată cercetare: *Legea universală a organizării* care este repezentatâ grafic de *Modelul universal al organizării şi managementului.*[3]

Această lege a naturii ne învaţă că începând cu microcosmosul şi terminând cu macrocosmosul, cu întregul univers, Dumnezeu a creat lumea nu din lucruri şi fenomene gândite separat, ci din *sisteme ierarhizate* pe niveluri de complexitate în conformitate cu modelul universal unic menţionat.

În premieră mondială, acest model natural universal redefineşte într-o viziune sistemică ştiinţifică nouă toate conceptele implicate în activităţile de organizare şi management, divulgă şi defineşte cu precizie legătura tainică strânsă, "organică" între conceptele de "organizare" şi "management" care stă la baza structurii ierarhizate pe nivele de complexitate a lucrurilor şi fenomenelor, a sistemelor din univers, conexiunile logice reale între toate aceste concepte, modul în care ele sunt încorporate, integrate natural intr-un sistem standard universal invariabil şi incontestabil.

El poate fi folosit cu rezultate superioare la planificarea, organizarea şi conducerea afacerilor, a tuturor activităţilor umane complexe, inclusiv în activitatea de cercetare în economie, cibernetică, sistemică, robotică, inginerie, ştiinţa datelor, îngrijirea sănătăţii, gândirea creativă, soluţionarea problemelor grele de viaţă, şah şi alte jocuri strategice etc, etc.

Potrivit prevederilor acestei legi a naturii noua definiţie a managementului ştiinţific este următoarea:

*Folosirea modelului natural universal al organizării şi managementului la organizarea şi conducerea în viziune sistemică a unei activităţi complexe pentru utilizarea cu maximă eficienţă a tuturor resurselor disponibile în vederea îndeplinirii obiectivului urmărit.*

Este evident că dacă vrem ca sistemele create de noi să tinda să ajungă cât mai aproape de perfecţiunea celor din natură, atunci este de dorit ca ele să fie organizate şi conduse după modelul de mai sus.

Cartea de faţă ajută atât pe cititorii care au deja o afacere şi şi-au propus să-i maximizeze profitul, cât şi pe cei care doresc să pornească şi ei una, dar nu au curaj, considerându-se încă insuficient pregătiţi ca manageri.

Astăzi, când criza locurilor de muncă și sărăcia se extind aproape pretutindeni, devine tot mai acută necesitatea creșterii însemnate a numărului de afaceri mici și mijlocii și a eficienței mărite a acestora.

Actuala criză economică mondială este o criză de sistem care amenință să se permanentizeze și să se adâncească. Pentru a nu se întâmpla așa, cu ajutorul acestei cărți managerii pot să-și însușească viziunea sistemică științifică asupra conceptelor și proceselor economice și în consecință să-și mărească precizia și eficacitatea deciziilor de organizare și conducere.

În plus, ei pot debândi cunoștințele necesare și suficiente pentru a înțelege mai bine procesele și fenomenele economice și a elimina mai ușor multe neajunsuri din munca lor.

Unele dintre aceste cunoștințe sunt absolut originale și fiind fundamentate strict științific sunt capabile să insufle întreprinzătorilor și managerilor curaj, optimism, încredere în posibilitățile lor și dorința de a se implica în noi afaceri, din ce în ce mai profitabile.

Cartea răspunde totodată mai multor importante

cerințe teoretice și practice dintre care menționăm aici doar următoarele:

Cu referire la obiectivele cercetărilor în domeniul managementului comparat, William Newman menționează printre alte cerințe: *"Să descopere problemele și tehnicile manageriale care par a avea valabilitate universală în toate țările"*.[4]

Iar Richard Farmer cere: *"Să descopere modalitățile de îmbunătățire a performanțelor economice care țin de aparatul managementului"*.[4]

Cartea răspunde de asemenea cerințelor ca manual de *educație prin șah,* disciplină care este de mai mulți ani în învățământul multor țări și pe care începând din această toamnă Guvernul României a hotărât să o introducă și în școlile românești.

Acest manual prezintă toate noțiunile fundamentale ale managementului științific și exemplifică utilizarea lor cu ajutorul jocului de șah. În acest fel ele sunt mai bine fixate în memorie, de unde apoi pot fi folosite în oricare alt domeniu de activitate.

Învățând cum să joace șah împotriva calculatorului și să câștige, cititorii își dezvoltă totodată substanțial încrederea in sine, gândirea creativă și critică, memoria logică și în special sau mai ales *imaginația.*

Căci ce anume poate contribui mai mult la dezvoltarea imaginației decât partida de șah, în care de la început și până la sfârșit jucătorul se concentrează la maximum pentru a imagina și implementa rapid planuri strategice, tactice și logistice, decizii de soluționare în criză de timp a problemelor ce apar necontenit, una dupa alta sau simultan după fiecare mutare a adversarului și pun în pericol victoria?

Iar dezvoltarea imaginației este mai importantă chiar decât acumularea de cunoștințe raționale. A. Einstein scria:

*"Adevăratul semn al inteligenței nu este cunoașsterea, ci imaginația."*

*"Imaginația este totul. Imaginația este mai importantă decât cunoașterea (raționala n.a). Cunoașterea este limitată la tot ce noi știm și înțelegem acum, în timp ce imagianația cuprinde întreaga lume și tot ce va fi de cunoscut și înțeles în viitor."*

O cugetare aproximativ în același sens a formulat și I. Newton:

*"Nu știu cum arăt eu în fața lumii, dar mie mi se pare că sunt un băiat care se joacă pe malul mării și mă distrez găsind câteodată pietricele netede sau o scoică deosebită, în timp ce marele ocean al*

*adevărului se întinde necunoscut în faţa mea."*
Potrivit legii universale a organizarii *inteligenţa este capacitatea de a imagina si realiza sisteme.* Iar jocul de şah este pe bună dreptate considerat *regele jocurilor, jocul minţii,* tocmai având în vedere că el dezvolta mai mult ca oricare alt joc această capacitate, adevarata bogaţie a omului.

Numeroase cercetari şi studii din lumea întreagă au dovedit eficacitatea deosebitaă a jocului de şah în dezvoltarea acestei preţioase capacităţi şi a multor altor valoroase abilităţi şi însuşiri pozitive. Nu vom insista asupra acestui subiect aici, deoarece asemenea cercetări şi studii se pot găsi uşor pe internet cautând *"the chess in the schools".*

In Statele Unite, una dintre primele peste 30 de tări din lume care au introdus şahul în şcoli, Federaţia de şah (US Chess Federation) pune de mulţi ani la dispoziţia celor interesaţi, la un pret mic, copii de pe astfel de studii şi cercetări de pretutindeni.

Cartea de faţa însă este o premieră mondială ca manual de predare şi fixare cu ajutorul jocului de şah ştiinţific a cunoştinţelor de organizare şi management în viziune sistemică şi poate constitui pentru profesorii de şah un sprijin important în asimilarea şi predarea mai departe a acestor cunoştinţe deosebit de utile.

**Partea întâi - CONCEPTELE DE BAZĂ ALE MANAGEMENTULUI ŞTIINŢIFIC**

## 1. De ce avem nevoie de o viziune sistemică ştiinţifică asupra conceptelor

Succesul depinde de capacitatea noastră de a întocmi un plan de afaceri fezabil şi apoi de a-l implementa organizându-ne şi conducându-ne metodic activităţile, folosind noţiuni clare, ştiinţifice, eficiente.

Faptul că actualele definiţii ale conceptelor manageriale diferă de la un autor la altul e o dovadă certă că ele pot fi încă îmbunătăţite din punct de vedere al claritatii si preciziei.

Marele om de ştiinţă Albert Einstein avea o vorbă: *„Nu-mi place când se poate şi-aşa, şi-aşa. Ar trebui să fie ori aşa, ori deloc".*

Definiţiile folosite în prezent sunt empirice, date de regulă ca pentru entităţi separate, independente şi au fost elaborate pe baza unei *abordări analitice,* abordare ce tinde să reducă fiecare sistem la elementele lui componente şi se concentrează mai puţin asupra interacţiunilor şi conexiunilor dintre aceste elemente componente.

*Abordarea sistemică* studiază afacerea, organizarea şi conducerea ei, ca pe un *întreg* complex şi dinamic, ca pe un *sistem*. Iar fiecare element component este privit ca pe o parte indispensabilă a acestui întreg, strâns legată de celelalte părţi prin conexiuni specifice obiectivului sistemului.

In afaceri, aceste conexiuni au o mare importanţă în obţinerea maximizării profitului.

**Conceptul de sistem**
Prin *sistem* înţelegem un *ansamblu de elemente intercorelate funcţional cu scopul de a îndeplini un obiectiv comun.*

Puţine noţiuni pot concura din punct de vedere al importanţei cu conceptul de sistem. În ultimele câteva decade, acest concept a generat o adevărată revoluţie în ştiinţă, accelerând şi aprofundând procesul de cunoaștere în aproape toate domeniile.

Conceptul de sistem dă prioritate întregului asupra părților. Acolo unde vedeam numai elemente separate, el ne învață să vedem în același timp și întregul. Totodată, el acordă atenția și importanța cuvenite și relațiilor și interacțiunilor dintre elementele componente potrivit rolului pe care îl joacă fiecare.

În consecință, acest concept ne permite să dobândim un nou mod de a vedea și înțelege lucrurile și fenomenele, unul mai precis și mai profund. El ne permite o *abordare nouă* a realității, o *viziune sistemcă* asupra ei, mai corectă și mai cuprinzătoare.

Viziunea sistemică ne ajută să obținem rezultate din ce in ce mai bune în toate domeniile de activitate.

**Sistemele cibernetice**
Sistemele cibernetice sunt sisteme care au capacitatea de a se autoregla. Această capacitate a sistemelor cibernetice se bazează pe așa-numitul *principiu al retroacțiunii* (în engleză *feedback*).

Potrivit acestui principiu, în timpul funcționării, sistemul înregistrează rezultatele curente, le compară cu rezultatele așteptate și semnalează diferențele, abaterile. Aceste abateri sunt transformate prompt în acțiuni care produc corecții în funcționare.

Grație mecanismului de feedback, sistemul tinde astfel să elimine continuu erorile până când obiectivul este îndeplinit.

Din 1948, anul apariției, știința sistemelor cu autoreglare, *Cibernetica*, și-a extins continuu aria de folosire și a căpătat și ea definiții ușor diferite, influențate de fiecare dată de specificul domeniului în care s-a aplicat.

Din toate aceste diferite aplicații se poate trage totuși o singură concluzie: *cibernetica asigură cel mai bun model de conducere (reglare) a proceselor complexe, indiferent de natura lor.*

**Organizarea sistemelor cibernetice**
Văzut din exterior, fiecare sistem cibernetic apare ca o "cutie neagră", un întreg opac despre care nu știm altceva decât că ascunde un proces destinat să îndeplinească un anumit obiectiv. Putem vedea doar *ce intră* (*intrările*, en. *inputs*) și *ce iese* din această cutie (*ieșirile*, en. *outputs*), nu și ce se întâmplă în interior.

Dacă deschidem cutia, putem vedea elementele care compun sistemul, relațiile și interacțiunile dintre ele, structura ce o alcătuiesc în vederea îndeplinirii obiectivului și, dacă e în funcțiune, modul cum lucrează, procesul.

Un sistem conține cel puțin două elemente logic legate între ele prin funcțiile îndeplinite.

Luat separat, fiecare element poate fi considerat la rândul lui ca un sistem dacă e alcătuit din mai multe componente.

Orice sistem poate fi deci format din *subsisteme* și poate fi în același timp un subsistem aparținând unui sistem de nivel superior.

În consecință, în natură există *o ierarhie a sistemelor*.

Obiectivele subsistemelor de un anumit nivel derivă sau sunt în concordanță cu obiectivele sistemelor de nivel superior din care fac parte, și așa mai departe.

Dacă un sistem poate fi definit *static* prin elementele care îl compun, *dinamic* el apare ca *un complex de funcții și relații funcționale, de interacțiuni între aceste elemente și cu mediul înconjurător*.

Aceste relații nu sunt întâmplătoare.

Ele sunt derivate riguros din obiectivul final al sistemului și din rolul atribuit fiecărui element in parte cu scopul de a realiza indeplinirea acestui obiectiv in condiții de eficiență și limitări impuse incă din faza de proiectare.

Iată de ce *sistemul* poate fi definit de asemenea ca *un ansamblu de elemente cu sarcini intercorelate de îndeplinit într-un mediu înconjurător de regulă ostil.*

## 2. O lege a naturii: Modelul universal al organizării și managementului. Noi definiții ale conceptelor

Utilizând metoda de cercetare științifică, am elaborat noi definiții ale conceptelor de bază din domeniile organizării și managementului, definiții care să corespundă mai bine tuturor caracteristicilor entităților descrise, succesiunii acțiunilor lor în lumea reală, conexiunilor logice între ele.

La elaborarea noilor definiții am ținut cont de factorii *timp* și *spațiu* și de principiile fundamentale ale *sistemicii* și *ciberneticii,* de modul în care sunt organizate și funcționează sistemele adaptive complexe din natură.

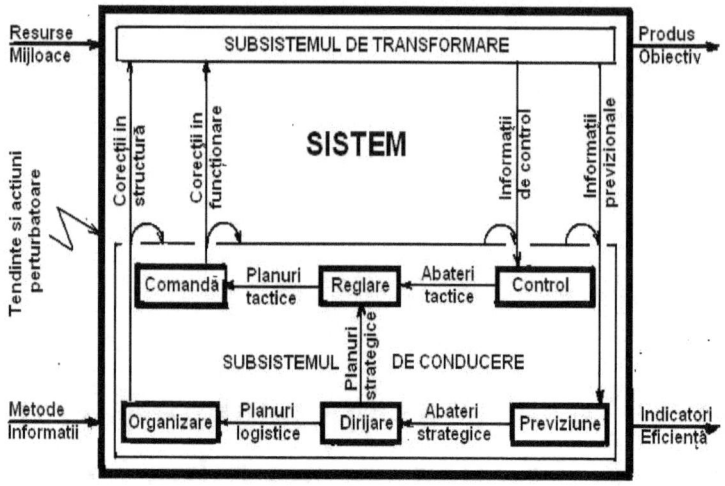

Figura 1. Modelul universal al organizării și managementului

Au rezultat modelul logic natural din fig. 1 și aceste noi definiții ale conceptelor din domeniile menționate.

Mai târziu, am observat că nu mai pot face nici o modificare în acest model și că el integrează logic orice alte modele și orice alte definiții apărute în literatura de specialitate.

Această observație mi-a sugerat ideea că modelul logic obținut este expresia grafică a unei posibile legi a naturii și de aceea nu poate fi modificat, legile naturii fiind imuabile.

Mai multe experimente ulterioare mi-au confirmat

această ipoteză.

Este vorba despre *"Legea universală a organizării"* pe care am definit-o astfel:

„*Conceptele privind activitatea de organizare sunt integrate natural într-un sistem cibernetic cu dublu feedback în conformitate cu un model logic numit Modelul universal al organizării şi managementului*" (vezi figura 1).

Această lege a naturii logic pare a guverna toate sistemele cu autoorganizare şi autoreglare din univers, adică *sistemele adaptive* - cele mai complexe şi mai perfecţionate sisteme cunoscute până în prezent.

Ţinând cont cu stricteţe de factorii menţionaţi în funcţie de care mi-am propus să redefinesc conceptele, integrarea logică a acestora în modelul din figura 1 s-a făcut aproape de la sine, printr-o procedură asemănătoare aceleia de reconstituire a unui vas spart din cioburile lui.

Fiecare concept avea un loc anume, parcă prestabilit, precis determinat de necesitatea de a întregi logic un sistem, ca element component natural şi indispensabil.

Noile definiţii, aşa cum rezultă din acest model

logic natural, sunt următoarele:

- **Activitatea de organizare** -- crează și adaptează structura unui sistem pentru a fi capabil să asigure îndeplinirea unui anumit obiectiv în condiții ostile, de luptă permanentă împotriva acțiunilor perturbatoare ale mediului. Sunt proiectate și realizate atât structura executivă cât și structura managerială, cu toate elementele lor componente și cu conexiunile între ele și cu mediul înconjurător. De asemenea sunt elaborate regulile de funcționare;

- **Activitatea de management** – dirijează, ghidează și reglează sistemul ca pe un sistem cibernetic cu două circuite de feedback, ca să lucreze cu eficiență maximă pentru îndeplinirea obiectivului, pe cât posibil fără modficări importante în structură.

*Modelul universal al organizării și managementului* conține două subsisteme:

- **Subsistemul condus** – este cel care procesează și transformă resursele fizice în produsul sau rezultatul așteptat;

- **Subsistemul conducător** - este cel care

colectează informaţii din interiorul şi din afara sistemului şi ia decizii strategice, logistice şi tactice pentru eliminarea, diminuarea sau compensarea perturbaţiilor şi avariilor apărute ori anticipate. El este compus din două circuite informaţionale:

o *Circuitul de reglare tactică* (în timp real şi pe termen scurt) care asigură funcţiile de *control, reglare* şi *comandă*. Acestea produc *planuri şi decizii tactice* care aduc corecţii în funcţionarea sistemului

o *Circuitul de reglare - de adaptare strategică şi logistică* (în avans şi pe termen lung) - care asigură funcţiile de *previziune, dirijare* şi *organizare*. Acestea produc *planuri şi decizii strategice şi logistice* care aduc modificări în orientarea şi structura sistemului.

- **Funcţia de previziune** -- detectează tendinţe şi acţiuni perturbatoare iminente, evaluează posibila lor influenţă destabilizatoare asupra funcţionării sistemului, stabileşte dacă sunt nepotriviri între acestea şi strategia de apărare şi identifică premisele de eliminare, micşorare ori compensare a acestor nepotriviri;

- **Funcţia de dirijare** – planifică şi ajustează în avans planurile şi deciziile strategice şi logistice şi, dacă este necesar, modifică sau schimbă chiar obiectivul sistemului. Coordonează realizarea întocmai a planurilor şi deciziilor;

- **Funcţia de organizare** – elaborează proiecte şi proceduri care transformă planurile şi deciziile logistice în corecţii ale structurii sistemului şi asigură resursele necesare acestor corecţii. Dacă trebuie, creează subsisteme subordonate;

- **Funcţia de control** – compară funcţionarea curentă cu cea normală, rezultatele obţinute cu cele aşteptate şi identifică abaterile tactice şi premisele pentru eliminarea, diminuarea ori compensarea lor;

- **Funcţia de reglare** – elaborează planuri şi decizii tactice pentru executarea planurilor strategice şi pentru eliminarea, diminuarea ori compensarea abaterilor identificate în funcţionarea sistemului;

- **Funcţia de comandă** – dă comenzi operative pentru efectuarea corecţiilor în funcţionarea sistemului stabilite de planurile şi deciziile tactice.

Funcţiile managementului mai pot fi clasificate astfel:

- *Funcţii de analiză şi sinteză* (funcţia de previziune şi cea de control);

- *Funcţii de decizie* (funcţia de dirijare şi cea de reglare);

- *Funcţii de execuţie* (funcţia de organizare şi cea de comandă).

În procesul de luare a deciziilor pentru maximizarea profitului afacerii, funcţiile managementului sunt teoretic toate la fel de importante.

În practică însă, mai ales pentru supravieţuirea sistemului cât mai mult timp posibil, o excepţională importanţă au funcţiile de pe circuitul informaţional de reglare-adaptare strategică şi logistică: funcţiile de previziune, dirijare şi organizare.

Neacordarea atenţiei cuvenite acestor funcţii este

una dintre cele mai frecvente cauze de profit scăzut sau chiar de faliment al afacerilor.

## 3. Organizarea și managementul afacerilor în viziune sistemică. Ghid pas cu pas

Așa cum am mai menționat anterior, conceptul de *sistem* include într-un *întreg* toate elementele componente și conexiunile dîntre ele și cu mediul înconjurător. Sistemele sunt rezultatul efectuării unor activități de *organizare* cu scopul de a atinge un anumit obiectiv.

În natură, cele mai evoluate sisteme sunt sistemele biologice. Pentru a supraviețui în lupta cu factorii perturbatori din mediul înconjurător, ele se apără prin adaptarea (autoorganizarea) la aceștia a structurii și comportamentului.

În afaceri, activităţile de organizare determină *statica* (structura) sistemului, iar activitatile de management determină *dinamica* (funcţionarea şi evoluţia) lui.

Activitatea managerului este mult uşurată şi se poate presta cu maximum de eficienţă dacă procesul afacerii poate fi reglat şi adaptat continuu la condiţiile în care se desfăşoară, adică dacă el a fost organizat în prealabil ca un *sistem adaptabil.*

În acest caz sistemul poate fi uşor îmbunătăţit până la maximizarea profitului utilizând *Modelul universal al organizării şi managementului* din figura 1.

Această idee exprimă legătura naturală strânsă între activităţile de organizare şi cele de management, caracteristică metodei de *management în viziune sistemică* sau, mai precis, metodei de *management sistemic sau ştiinţific.*

**Managementul sistemic**

Managementul sistemic poate fi definit ca un ansamblu integrat şi ordonat de principii interdisciplinare, reguli şi acţiuni prin care managerul planifică, proiectează, organizează şi conduce afacerea utilizând *Modelul universal al organizării şi managementului.*

*A dirija* (planifica) sistemul afacerii înseamnă a stabili periodic, dintre toate posibilităţile, care este calea de urmat pentru asigurarea îndeplinirii obiectivului în condiţiile existente sau previzionate în mediul înconjurător. În acest caz, modelul universal al organizării şi managementului este folosit ca o adevărată *"busolă de management"*.

*A regla* (ajusta) sistemul afacerii înseamnă a acţiona prompt pentru a elimina, diminua sau compensa abaterile apărute în funcţionare. În acest caz, modelul universal al organizării şi managementului este folosit ca un instrument simplu şi eficient de reglare.

Într-un astfel de sistem cibernetic adaptabil, activităţile de dirijare şi reglare sunt îndeplinite de *subsistemul conducător.*

Experienţa practică ne demonstrează că pentru a conduce un proces în aşa fel încât să se asigure rezultate calitativ şi cantitativ superioare, inclusiv maximizarea profitului, managerul trebuie să acţioneze pe *două circuite informaţionale de management:* circuitul strategic (de dirijare) şi circuitul tactic (de reglare).

Aşa cum se poate vedea în figura 1, fiecare dintre aceste două circuite îndeplineşte câte trei funcţii de management.

*Metoda managementului sistemic, ştiinţific,* poate fi generalizată cu bune rezultate în toate domeniile de activitate umană unde se derulează un proces perfectibil şi de durată.

Pentru a porni de la zero o afacere cu această metodă modernă de organizare şi conducere, managerul trebuie să parcurgă următoarele opt etape:

1. Să stabilească *ieşirile* dorite ale sistemului afacerii: *obiectivul* (produsul, serviciul sau soluţia unei probleme) şi *idicatorii de eficienţă* – luând în calcul resursele şi mijloacele disponibile, reglementările în vigoare, tendinţele şi riscurile de pe piaţă (vezi figura 1);

2. Să stabilească detaliat în ce constă *subsistemul procesului de transformare a resurselor* în vederea realizării obiectivului, având în vedere indicatorii de eficienţă stabiliţi;

3. Să determine *informaţiile tactice* (curente) şi

*informațiile strategice* (de anticipat) necesare îndeplinirii funcțiilor de control și de previziune ale subsistemului conducător;

4. Să stabilească planul strategic și planul logistic aferent al afacerii pentru adaptarea ei curentă și în avans la schimbările apărute sau anticipate în mediul economic și social;

5. Să întocmească programul de măsuri de organizare și de alocare la timp a resurselor necesare implementării planului logistic;

6. Să stabilească și să angajeze resursele umane necesare;

7. Să pregătească personalul angajat;

8. Să testeze funcționarea sistemului și să pornească afacerea în condiții normale.

Inițial, dacă afacerea nu necesită mai mult de cinci sute de angajați, echipa de conducere poate cuprinde numai doi manageri: un director general (care uneori este chiar patronul) și un contabil.

În unele cazuri, în funcție de aria de acțiune și complexitatea afacerii, la echipa managerială poate fi adăugat un director executiv care supraveghează și asigură aplicarea întocmai şi la timp a deciziilor directorului general.

Dintre cauzele de faliment ale afacerilor mici şi mijlocii, cele mai frecvente sunt lipsa de experienţă şi insuficienta pregătire managerială a echipei de conducere.

Câteva ore de studiu atent al acestei cărţi furnizează managerilor cunoştinţele necesare şi suficiente pentru a conduce cu succes afacerea înca de la început.

**Partea a doua - OPTIMIZAREA GÂNDIRII ÎN PARTIDA DE ŞAH**

## 4. Optimizarea gândirii prin organizare sistemică şi management ştiinţific

Ca exemplu de activitate asupra căreia am aplicat pentru eficientizare cunoştinţele de mai sus, am ales una sugestivă, bine cunoscută şi uşor de înţeles de marea majoritate a cititorilor: gândirea în partida de şah.

Un vechi proverb chinezesc spune: *„Viaţa este ca o partidă de şah, se schimbă cu fiecare mutare"*.

Viaţa (pe termen lung) şi activităţile noastre (pe termen scurt sau mediu) sunt din multe puncte de vedere foarte asemănătoare cu partidele de şah.

Despre extraordinara capacitate a jocului de şah de a sugera lumea şi viaţa, T. H. Huxley spunea:

*"Tabla de şah este lumea, piesele sunt fenomenele din univers iar regulile jocului sunt ceea ce noi numim legile naturii".*

Sunt atât de multe asemănările între bătăliile vieţii - inclusiv afacerile - şi jocul de şah, încât oameni de ştiinţă renumiţi, printre care şi laureaţii Premiului Nobel pentru Ştiinţe Economice H. Simon (în 1978), J. F. Nash (în 1994) şi R. J. Aumann şi T.C. Schelling (în 2005) l-au folosit ca instrument de lucru în cercetările şi descoperirile lor.

Toate procedurile, strategiile, tacticile şi tehnicile mentale folosite pentru a câştiga în partida de şah, prin analogie sunt utile de asemenea ca modele de soluţii de obţinere a succesului şi în multe alte activităţi.

Iată câteva exemple practice de astfel de proceduri utile prin analogie, culese din activitătile de organizare ştiinţifică şi management sistemic în partida de şah:

La prima vedere, problema ce o avem de rezolvat pe tabla de şah ar putea primi o primă formulare ca aceasta: *Pornind din poziţia iniţială, cum trebuie să mutăm piesele noastre astfel încât la un moment dat adversarul să nu mai poată evita matul* (capturarea regelui său).

Această primă formulare a problemei (ce constituie obiectivul sistemului caştigător de gândire pe care dorim să-l construim) este numai aparent corectă şi utilă.

De obicei partidele între jucătorii avansaţi nu ajung să se încheie prin mat.

Unul dintre jucători cedează când apreciază că adversarul a obţinut o superioritate poziţională sau materială suficientă pentru a câştiga.

Numim acest moment al partidei „*Momentul superiorităţii efective*" (MSE).

Acum s-ar părea că putem reformula mai corect problema-obiectiv aşa: *Pornind din poziţia iniţială, cum trebuie să mutăm piesele noastre astfel încât la un moment dat adversarul să constate că am obţinut superioritatea efectivă (suficientă pentru câştig) şi să cedeze.*

Această a doua formulare, deşi mai corectă decât prima, mai poate fi încă îmbunătăţită.

O analiză atentă a partidelor marilor maeştri ne permite să descoperim că de fapt lupta se decide chiar înainte de MSE, şi anume în momentul în care unul dintre jucători găsește un plan bun, superior planului adversarului. Acesta este „*Momentul superiorității potențiale*" (MSP).

La un joc precis, ceea ce urmează acestui moment crucial al partidei este doar o demonstrație tehnică de implementare a planului bun, cu toată împotrivirea advesarului.

Dar ce este un plan bun?

Evaluăm un plan după rezultatele obținute.

Un plan bun este acela care, cu toată împotrivirea advesarului și utilizând toate resursele cât mai eficient, își atinge scopul: rupe echilibrul inițial al celor două forțe combatante și obține pentru jucătorul autor o superioritate materială sau pozițională suficientă pentru câștig.

O categorie specială de planuri bune sunt planurile care creează o poziție atât de complexă și plină de amenințări încât adversarul intră în criză de timp și greșește grav.

Pentru a înfrânge împotrivirea adversarului și a-i impune implementarea propriului plan agresiv, fiecare jucător ia decizii strategice și tactice care sunt aplicate prin mutări pe tabla de şah.

Dacă aceste mutări sunt bine alese şi ordonate în timp şi produc efectele aşteptate, atunci ele pot fi considerate *mutări active*.

Clasificate după caracterul predominant ofensiv sau defensiv, mutările pot fi:

- Pur ofensive;

- Ofensiv-defensive;

- Defensiv-ofensive;

- Pur defensive.

Mutările pur ofensive, ofensiv-defensive şi defensiv-ofensive deţin ponderea în totalul mutărilor active.

Sunt considerate *mutări inactive* mutările pur defensive (dacă nu sunt forţate) şi mutările care au doar aparent caracter activ, adică acelea care urmăresc realizarea unui plan ce se dovedeşte până la urmă a fi greşit sau acelea care pot fi integrate în planul adversarului.

Cu cât în totalul mutărilor jucate sunt mai multe mutări active, cu atât gândirea jucătorului este mai puternică, mai productivă.

*Rezultă că un plan bun e compus în principal din mutări active şi constituie adevăratul produs căutat al sistemului de gândire al fiecărui jucător.*

Obiectivul sistemului gândirii jucătorului în partida de şah este deci acela de a obţine primul un plan bun şi apoi de a-l îndeplini făcând pe cât posibil numai mutări active, spre a obţine înaintea adversarului o superioritate poziţională sau materială suficientă pentru victorie.

Restul partidei este doar rutină.

Este deci de dorit ca planul strategic câştigător să fie stabilit cât mai devreme posibil, dacă se poate (şi se poate!) chiar înainte de începerea partidei. Exemple de astfel de planuri găseşte cititorul în partidele jucate impotriva calculatorului prezentate în cuprinsul cărţii de faţă.

În partida de şah, fiecare jucător consumă două feluri de resurse:

- *Resurse tehnice*: timpul de pregătire a partidei, timpul de gândire la masa de joc, rezerva de tempo (de mutări alocate fiecărui jucător în mod egal și alternativ, de exemplu câte 40 de mutări în primele două ore de joc), rezerva de spațiu (o parte controlată din cele 64 de câmpuri pătrate ale tablei de șah) și rezerva de material (16 piese);

- *Resurse intelectuale:* toate informațiile specifice, metodele, memoria, procesele psihice, abilitățile particulare de gândire, pregătirea generală și specială etc.

Marii maeștrii reușesc să câștige transformând aproape fiecare tempo jucat într-o mutare activă și valorificând la maximum toate celelalte resurse.

O metodă științifică trebuie să ajute jucătorul de șah să elaboreze repede și să aplice la masa de joc un plan bun, astfel încât să atingă MSP înainte ca adversarul să o poată face.

Elaborarea și implementarea unui plan sunt operațiuni caracteristice ale activității de management.

Dacă un jucător dorește să facă șah de performanță, atunci aceste operațiuni este bine să se desfășoare în viziune sistemică, folosind un sistem de gândire bazat pe Modelul universal al organizării și managementului din figura 1.

Cunoscând acest sistem specializat, pur stiintific, cele trei momente principale: momentul găsirii unui plan bun, momentul superiorităţii potenţiale (MSP) şi momentul superiorităţii efective (MSE), jucătorul are o imagine de ansamblu a partidei şi a celei mai sigure modalităţi de a o câştiga.

## 5. Cerințe de organizare și management ale gândirii jucătorului de șah pentru a folosi eficient toate resursele

În acest scop am formulat următoarele cerințe:

A. Cerințe de organizare a timpului de pregătire a partidei:

- Consumarea celei mai mari părți din timpul de pregătire doar pentru activități cu mare probabilitate de a fi folosite și de a avea efecte pozitive în partidă;
- Cosiderarea acestei cărți ca o sursă de cunoștințe de bază pentru a asigura jucătorului de șah o înaltă performanță în gândire, fără prea multă altă documentare;
- Utilizarea ideilor din această carte și pentru a îmbunătăți metodele și

activitățile specifice de studiu și documentare, astfel încât ele să consume cât mai puțin timp.

B. Cerinte de organizare a timpului de gândire la masa de joc:
- Jucătorul să folosească organizat atât timpul de gândire alocat propriu cât și timpul de gândire alocat adversarului, astfel încât să obțină maximum de eficiență în folosirea timpului total. Să transfere cât mai multe dintre operațiunile de gândire de pe timpul alocat propriu pe timpul alocat adversarului;
- Să împartă timpul de gândire alocat propriu în trei categorii: timpul utilizat pentru mutări active (timp utilizat productiv), timpul neutilizat (pierdut) și timpul utilizat greșit (fără efecte favorabile în joc);
- Să mărească ponderea timpului utilizat pentru mutări active.

C. Cerințe de organizare a utilizării rezervei de tempo:
- În funcție de efectele produse asupra derulării planului său, fiecare jucător să distingă trei categorii de mutări: mutări active proprii, mutări inactive proprii și

adverse și mutări active ale adversarului (perturbatoare pentru planul propriu);
- În consecință, organizarea trebuie:
  - Să ia în calcul numai aceste trei categorii de mutări;
  - Să specifice criteriile după care o mutare poate fi încadrată cu precizie în fiecare dintre aceste trei categorii;
  - Să stabilească cum se poate mări numărul de mutări active proprii efecuate în detrimentul numărului de mutări din celelalte două categorii.

D. Cerințe de organizare a utilizării spațiului:
- Spațiul este o resursă specială. Spre deosebire de resursele de timp al căror consum este definitiv, ireversibil, spațiul este o resursă ce poate fi utilizată repetitiv;
- *Rezerva de spațiu* a fiecărui jucător conține toate câmpurile controlate de piesele lui. Un câmp controlat este acela unde o piesă stă, poate muta sau își exercită doar influența în timpul jocului fără să aibă posibilitatea de a-l ocupa curând sau la mutarea următoare;

- Pentru a obține o poziție superioară și mai mult spațiu controlat propriu, gândirea trebuie organizată în așa fel încât să ofere căi concrete de creștere a lui și de descreștere a spațiului controlat de adversar;
- Piesele să fie amplasate astfel încât să nu se împiedice una pe alta, să nu își limiteze reciproc libertatea de mișcare pe termen mediu sau lung.

E. Cerințe de organizare a utilizării materialului:
Fiecare jucător trebuie:
- Să găsească ce mutări ale propriilor piese pot împiedica piesele adverse să-și realizeze sarcinile, fără ca planul propriu să aibă de suferit;
- Să ia în considerare trei categorii de piese aflate pe tabla de joc, indiferent de culoare: piese folosite de planul propriu, piese folosite de planul adversarului și piese încă nefolosite;
- Să stabilească in baza căror criterii o piesă poate fi încadrată în una dintre aceste trei categorii și îi poate fi evaluat gradul de utilitate în planul propriu și în planul adversarului, comparativ cu gradul de utilitate al celorlalte piese;
- Să găsească mutările prin care poate fi

îmbunătăţită structura pieselor aflate în joc astfel încât să crească numărul celor folosite de planul propriu, indiferent de culoare.

F. Cerinţe de organizare a resurselor intelectuale:
Până în prezent se cunoaşte prea puţin cum funcţionează creierul uman. În consecinţă se nasc firesc întrebările: *Cum poate fi îmbunătăţită gândirea noastră când mecanismele ei sunt insuficient cunoscute? Poate fi ea îmbunătăţită, eficientizată?*

Din fericire putem răspunde cu certitudine că *da*, gândirea poate fi îmbunătăţită şi ea prin organizare ştiinţifică şi management sistemic, la fel ca oricare altă activitate umană.

Aceasta deoarece creierul uman este dotat cu o capacitate specială, extrem de valoroasă:
*capacitatea de învăţare şi auto-perfecţionare continuă.*

Dacă nu putem îmbunătăţi direct modelele logice obişnuite de lucru ale creierului, pentru ca nu le cunoaştem îndeajuns, graţie acestei capacităţi speciale putem îmbunătăţi totuşi gândirea indirect, dotând-o prin procesul învăţării cu un model de gândire ştiinţific, ce poate fi adaptat apoi fiecărei activităţi a cărei eficienţă dorim să o maximizăm.

În cazul de faţă suntem în măsură să punem bazele proiectării unui model ştiinţific specializat de gândire care, prin perfecţionare continuă în viziune sistemică, să ajungă să fie capabil să răspundă tuturor cerinţelor de organizare mentonate şi să rezolve toate problemele complexe specifice ce pot apărea în cursul partidei.

Odată învăţat, acest model va înlocui toate procedeele mai vechi, nespecializate şi nu întotdeauna destul de eficiente din gândirea obişnuită, empirică.

Jucătorul de performanţă nu va mai avea nevoie de studiul multor manuale de deschideri, joc de mijloc si finaluri. Acest nou model general de gândire va asigura organizarea şi conducerea eficientă a jocului în toate fazele partidei, cu aceeaşi deosebită forţă, rapiditate şi precizie.

Utilizând acest model, cu fiecare partidă jucată cititorul va învăţa să ia decizii tot mai eficiente în orice situaţie apărută sau anticipată, oricât de complexă ar fi ea, să folosească la maximum toate resursele de care dispune, inclusiv să adapteze şi să folosească ingenios soluţiile tipice stocate în memorie.

Modelul ştiinţific propus aici stimulează imaginaţia şi creativitatea jucătorului şi reduce necesitatea de a face multe, lente, stufoase şi îndelungate calcule de găsire şi validare a soluţiilor la masa de joc. Resursele mintale sunt folosite la un nivel superior de organizare şi algoritmizare ce permite luarea rapidă a deciziilor tot mai mult doar pe bază de principii şi proceduri strategice, mult simplificate.

# 6. Modelul partidei de şah ca sistem cibernetic

Plecând de la structura de bază din figura 1, la acest căutat model cibernetic al partidei de şah se ajunge ţinând cont de o particularitate a acesteia şi anume de faptul că funcţia de organizare şi funcţia de camandă formează împreună un singur modul, deoarece varianta de joc aleasă (programul) include mutări ce pot avea simultan atât caracter tactic cât şi caracter strategic.

Mutările sunt efectuate cu respectarea întregului set de reguli înscrise în regulamentul jocului de şah şi a regulilor suplimentare secrete stabilite pentru el însuşi de către fiecare jucător în cadrul sistemului propriu de joc.

La fiecare mutare jucătorul foloseşte *o piesă* (încredinţându-i un rol anume în cadrul planului), *un câmp* (din rezerva de spaţiu) şi cheltuieşte *un timp de gândire* (mai lung sau mai scurt, în funcţie de metoda folosită şi de complexitatea problemelor de rezolvat) şi *un tempo* (dreptul de a efectua încă o mutare).

În schimbul acestor „cheltuieli" el obţine *o nouă poziţie,* produsul de moment al sitemului său de joc.

Poziţia obţinută poate fi mai bună pentru jucătorul ce a mutat dacă mutarea se încadrează în planul bun al acestuia. Dar de fiecare dată urmează o mutare a adversarului care poate inversa situaţia.

Evaluarea gradului de îndeplinire a planului propriu, identificarea perturbărilor şi daunelor provocate de adversar, estimarea şanselor de câştig, toate acestea necesită informaţii specifice ce trebuie să fie culese organizat din fiecare poziţie.

Poziţiile sunt caracterizate de locul ce-l ocupă fiecare piesă pe tabla de şah (aspecte concrete) şi de relaţiile dintre piese potrivit regulamentului jocului şi rolului suplimentar atribuit fiecăreia în cadrul planului aplicat (aspecte abstracte).

În partida de şah ca sistem, „*procesul condus*" este lanţul de operaţiuni de transformare prin mutări a resurselor de joc ale ambilor jucători în poziţii. Este succesiunea poziţiilor şi evoluţia relaţiilor simple ori complexe dintre piese, mulţimea de evenimente ce au loc pe tabla de şah şi care nu se reflectă întotdeauna în totalitate în mintea jucătorilor.

Un jucător de şah este cu atât mai talentat şi mai bine pregătit cu cât este capabil să perceapă mai multe aspecte din această mulţime de evenimente şi să le clasifice şi selecteze mai rapid şi mai corect în esenţiale şi neesenţtiale, în fiecare moment al partidei.

„*Procesul conducător*" este gândirea jucătorului.

Acest proces *planifică* procedurile de obţinere a superiorităţii potenţiale cu toată împotrivirea adversarului in joc şi *dirijează* transformările resurselor în poziţiile dorite de jucător conform planului urmărit, eliminând, diminuând ori compensând perturbările şi daunele cauzate de mutările adverse în poziţia proprie.

*Subsistemul procesului conducător* conţine următoarele cinci *module componente*:

- Pe *circuitul informaţional de dirijare* conţine *modulul de analiză tactică a poziţiei, modulul de elaborare a planurilor tactice* (pe termen scurt şi mediu) şi *modulul programului de aplicare* a acestor planuri;

- Pe *circuitul informaţional de planificare* conţine

*modulul de analiză strategică a poziţiei, modulul de elaborare a planurilor strategice și logistice* (pe termen lung) şi *modulul programului de aplicare* a acestor planuri, care este unul şi acelaşi cu modulul programului de aplicare a planurilor de pe circuitul informaţional de dirijare.

Modulele de aplicare a planurilor de pe cele două circuite informaţionale de reglare-adaptare cibernetică au fost reunite, aşadar, într-unul singur: *modulul elaborării şi implementării programului* (al succesiunii de mutări selectate pentru a fi jucate) deoarece, aşa cum am mai menţionat anterior, fiecare mutare poate aparţine simultan unui plan strategic şi unui plan tactic.

În cadrul *modulului de analiză strategică* jucătorul culege informaţii cu caracter strategic, le analizează, anticipează tendinţele ce sunt în dezvoltare şi evaluează continuu consecinţele lor negative.

Totodată analizează *abaterile strategice* de la plan provocate de mutările adverse şi soluţiile posibile pentru eliminarea, diminuarea sau compensarea acestor abateri înainte ca adversarul să le poată exploata în favoarea lui.

Tot aşa, *modulul de analiză tactică* înregistrează şi prelucrează informaţiile cu caracter tactic si *abaterile tactice* de la plan.

La *elaborarea planului strategic* jucătorul exploatează slăbiciunile strategice din poziţia şi planul adversarului şi caută eliminarea sau apărarea propriilor slăbiciuni strategice.

Totodată depistează şi foloseşte orice aspect aparte al poziţiei care poate sta la baza conceperii unui plan strategic mai promiţător.

Planul strategic rezultat este o combinaţie de decizii importante privind evoluţia şi adaptarea jocului la schimbările anticipate în poziţie.

*Strategia* este calea, procedura de urmat pentru atingerea obiectivului partidei de şah: obţinerea superiorităţii efective a poziţiei proprii faţă de poziţia adversarului.

*Deciziile strategice* ghidează orientarea şi adaptarea jocului pe termen lung, modalităţile de utilizare eficientă a resurselor în pofida împotrivirii adversarului.

*Elaborarea planului tactic* constă în stabilirea deciziilor de realizare în detaliu a planului strategic şi de eliminare, diminuare ori compensare a abaterilor tactice în condiţiile oponenţei permanente a adversarului, ţinând cont de schimbările aduse în poziţie de fiecare mutare a lui.

Bazat pe premisele de joc găsite în cadrul analizei poziţiei, jucătorul stabileşte în detaliu manevrele necesare ale micii sale armate, căutând să exploateze slăbiciunile şi erorile tactice din jocul adversarului, mobilizând în acest scop cât mai eficient toate resursele, atât în atac, cât şi în apărare.

În timp ce *strategia* stabieşte direcţia, orientarea în mare a acţiunillor jucătorului, CE cale trebuie urmată pentru obţinerea superiorităţii potenţiale, *tactica* stabileşte în detaliu CU CE piese, UNDE, CÂND şi CUM trebuie intervenit în poziţie şi care este ordinea corectă a mutărilor de efectuat.

Deciziile tactice sunt reacţii prompte ale fiecărui jucător la mutările adversarului şi constituie acţiuni cu dublu scop: pe de o parte de a elimina, diminua sau compensa tactic perturbările şi daunele provocate în poziţia proprie şi în planul său şi, pe de altă parte şi în acelasi timp, de a implementa cu fiecare mutare câte o componentă a programului de îndeplinire a planului strategic.

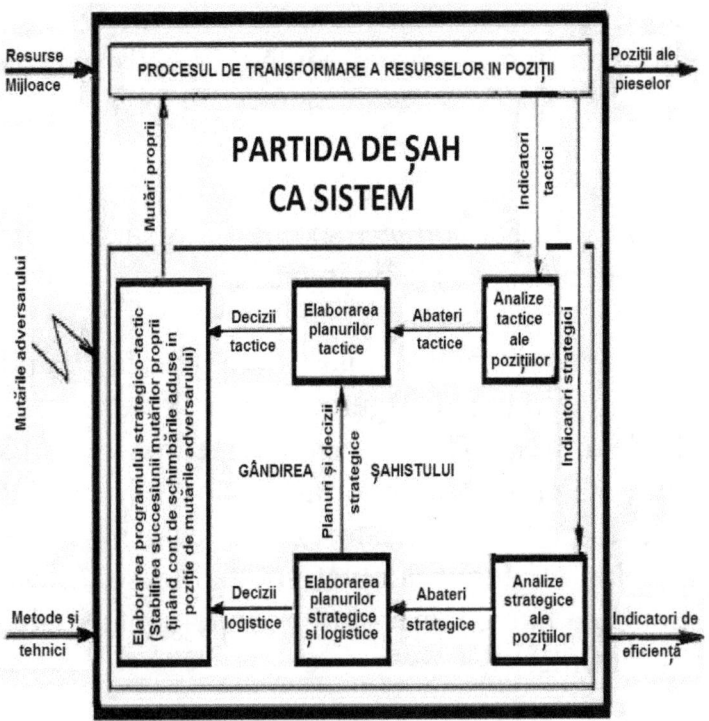

Figura 2. Modelul partidei
de șah ca sistem cibernetic

În timp ce aplicarea strategiei necesită mai multe mutări, tactica necesită una sau doar câteva mutări, de preferință forțate. Strategia operează schinbări importante în structura poziției, în amplasarea și colaborările pieselor, iar tactica dă lovituri scurte, într-o zonă restrânsă.

Programul mutărilor de efectuat rezultă din fuziunea planului logistico-strategic cu un plan tactic de moment și cu unele mutări intermediare strict necesare pentru o apărare urgentă ori pentru a exploata imediat o inexactitate sau eroare a adversarului (vezi figura 2)

Această fuziune se face cu optimizarea succesiunii mutărilor și cu economie maximă de resurse pentru a mări rapiditatea și eficiența jocului.

După ce jucătorul își organizează gândirea potrivit modelului din figura 2, trece la testarea ei în partide de antrenament, ocazie cu care va constata cu siguranță creșterea importantă a forței jocului său. În partidele de testare jucătorul va avea grijă ca pentru fiecare plan strategic adoptat să stabilească planurile logistice și tactice necesare implementării lui în condiții optime.

Fiecare detaliu al modelului din figura 2 trebuie studiat cu grijă și testat de mai multe ori de către jucător, dacă dorește cu adevărat o creștere spectaculoasă a forței jocului său.

Numai așa jucătorul va putea descoperi misterioasa frumusețe și toate secretele acestui miraculos joc care este șahul și totodată, prin analogie, va afla multe procedee foarte utile pentru maximizarea profitului și beneficiilor de tot felul în toate activitățile lui.

Viziunea sistemică științifică înarmează managerii

cu capacitatea deosebită de a vedea afacerea ca un întreg compus din mai multe elemente strâns interconectate, de a face uşor diferenţa între ce este esenţial şi ce nu este şi de a nu ajunge *„să nu vadă pădurea din cauza copacilor."* [5, 6, 7 şi 8]

O analiză mai detaliată a jocului de şah excede cadrului acestei cărţi. Aici am dorit doar să arăt pe scurt cum absolut oricine poate aplica *modelul universal al organizării şi managementului* la perfecţionarea oricărei activităti, inclusiv a gândirii în jocul de şah sau în orice alt joc.

Pentru cititorii care doresc să-şi antreneze şi perfectioneze mai mult gândirea managerială prin intermediul jocului de şah ştiinţific, dar şi pentru jucătorii de şah de performanţă, am scris cartea *Şah şi cibernetică*[5] în care am făcut o analiză detaliată şi completă a partidei de şah în viziune sistemică.

Înainte de a fi scrise, o mare parte din cunoştinţele ce se pot dobândi din lectura acestei cărţi mai vechi, au fost testate de autor practic, la masa de joc, în Campionatul Naţional de Şah, unde a ajuns până în semifinale, fără a fi un jucător profesionist, ci doar un simplu amator şi cercetător care experimentează o metodă ştiinţifică proprie de gândire.

Cartea *Şah şi cibernetică* este un manual de *şah ştiinţific* şi de *management in viziune sistemică*.

Dar în același timp, prin analogie, ea mai poate fi considerată și un manual de *știința luptei în general* și deci și de *știința vieții*.

Ea ajută cititorii să-și utilizeze metodic și eficient gândirea și toate celelalte principale resurse vitale: *timpul, spațiul, energia, materia, informația*.

Prima ediție, tipărită în 20.000 de exemplare a acestei cărți, conține 302 de pagini și 241 de diagrame cu exemple extrase și comentate în viziune sistemică din partide ale mai multor campioni mondiali sau mari maeștri și din partide jucate și câștigate de autor în Campionatul Național.

În jocul de șah, ca de altfel și în afaceri, în viață, succesul depinde în principal de calitatea și forța celei mai importante resurse a omului: *gândirea* și, din ce în ce mai mult astăzi și în viitor, de nivelul ei de organizare sistemică și de management stiintific. Astăzi, mai mult ca oricând în trecut, pentru a obține înaltă performanță este clar nevoie de o abordare și soluționare sistemică științifcă a problemelor de organizare și management.

**Partea a treia – STUDIUL DIDACTIC APLICATIV AL PARTIDELOR CÂŞTIGATE ÎMPOTRIVA CALCULATORULUI**

# 7. Partide câştigate de Garry Kasparov împotriva calculatorului IBM Deep Blue. Limiterea activă a jocului adversarului

## 7.1. Partida a şasea din meci, Philadelphia,
16.02.1996  Deschidere: Gambitul damei refuzat
Alb: Garry Kasparov Negru: Deep Blue . Sursa:
http://ro.wikipedia.org/wiki/Deep_Blue#cite_note-as-20

1.Cf3 d5 2. d4 c6 3. c4 e6 4. Cbd2 Cf6 5. e3 c5 6. b3 Cc6 7. Nb2 cd4 8. ed4 Ne7 9. Tc1 O-O 10. Nd3 Nd7 11. O-O Ch5 12. Te1 Cf4 13. Nb1 Nd6 14. g3 Cg6 15. Ce5 Tc8 16. Cd7 Dd7 17. Cf3 Nb4 18. Te3 Tfd8 19. h4 Cge7 20. a3 Na5 21. b4 Nc7 22. c5 Te8 23. Dd3 g6 24. Te2 Cf5 25. Nc3 h5 26. b5 Cce7 27. Nd2 Rg7 28. a4 Ta8 29.a5 a6 30. b6 Nb8 31. Nc2 Cc6 32. Na4 Te7 33. Nc3 Ce5 34. de5 Da4 35. Cd4 Cd4

36. Dd4 Dd7 37. Nd2 Te8 38. Ng5 Tc8 39. Nf6 Rh7
40. c6 bc6 41. Dc5 Rh6 42. Tb2 Db7 43. Tb4 1-0

Îmbinând cu măiestrie în fiecare mutare apărarea cu intenții agresive, soluțiile tactice cu respectarea consecventă a planului strategic urmărit de la început până la sfârșit, Kasparov a reușit să obțină pas cu pas mici avantaje poziționale, de dezvoltare și de spațiu, care treptat s-au însumat până la înghesuirea și blocarea aproape totală a pieselor negre.

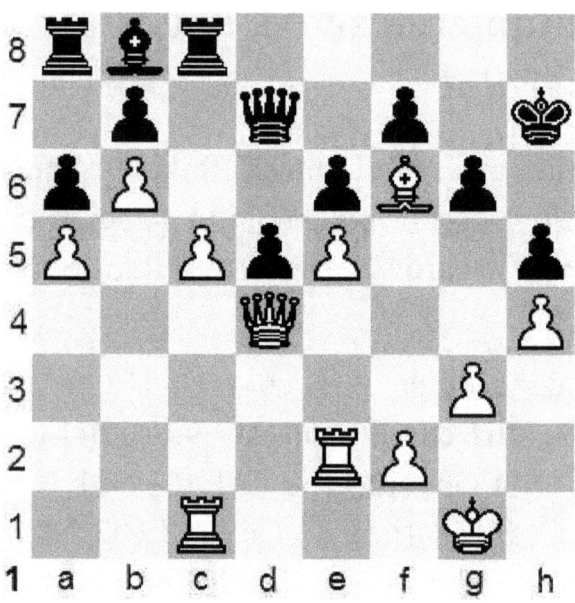

Poziția după mutarea 39...Rh7

La această poziție s-a ajuns după ce albul a evitat permanent deschiderea jocului pentru a limita la maximum formidabila capacitate de calcul și combinații tactice în poziții deschise a negrului. După cum se vede, inainte de mutarea nr.40 jucătorii aveau încă fiecare câte șapte pioni pe tablă!

A urmat 40. c6!! ... un sacrificiu strategic de pion al albului prin care acesta și-a creat un pion liber pe câmpul b6, bine apărat și susținut din spate, care amenință să se transforme în numai două mutări.

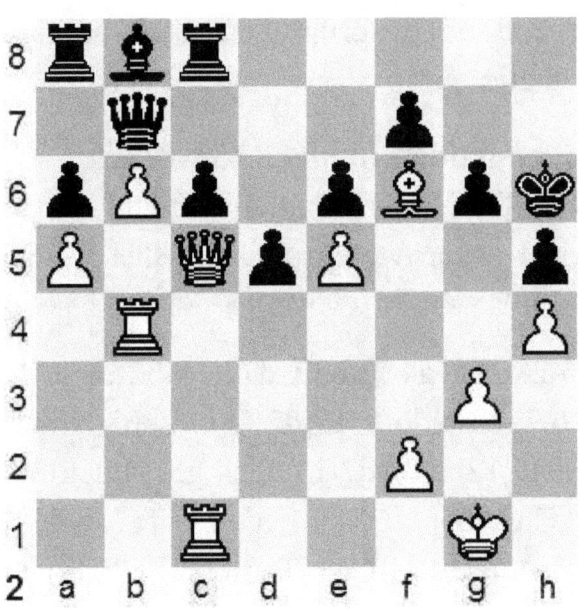

Poziția după mutarea 43. Tb4!

Aceasta este poziția finală, survenită după numai patru mutări față de poziția din diagrama anterioară. Negrul a cedat pentru că este aproape complet blocat și nu mai poate împiedica simultan amenințarea transformării în damă a pionului liber avansat alb din b6 și amenințarea ruperii lanțului de pioni negri cu mutarea g3-g4 urmată de atac rapid nimicitor cu toate figurile albe asupra regelui negru rămas fără altă apărare pe celălalt flamc. O excelentă demonstrație de felul în care trebuie aplicată metoda permanentei limitări active a capacității de atac a adversarului cu mutări având un cvadruplu caracter: apărare-atac și strategic-tactic.

## 7.2. Prima partidă din meci, New York
03.05.1997  Deschidere: Indiana regelui
Alb: Garry Kasparov Negru: Deep Blue    Sursa:
http://ro.wikipedia.org/wiki/Deep_Blue#cite_note-as-20

1. Cf3 d5 2. g3 Ng4 3. b3 Cd7 4. Nb2 e6 5. Ng2 Cgf6 6. O-O c6 7. d3 Nd6 8. Cbd2 O-O 9. h3 Nh5 10. e3 h6 11. De1 Da5 12. a3 Nc7 13. Ch4 g5 14. Chf3 e5 15. e4 Tfe8 16. Ch2 Db6 17. Dc1 a5 18. Te1 Nd6 19. Cdf1 de4 20. de4 Nc5 21.Ce3 Tad8 22. Chf1 g4 23. hg4 Cg4 24. f3 Ce3 25. Ce3 Ne7 26. Rh1 Ng5 27. Te2 a4 28. b4 f5 29. ef5 e4 30. f4! Ne2 31. fg5 Ce5 32. g6! Nf3 33. Nc3 Db5 34. Df1 Df1 35. Tf1 h5 36. Rg1

Rf8 37. Nh3! b5 38. Rf2 Rg7 39. g4! Rh6 40. Tg1 hg4 41. Ng4 Ng4 42. Cg4 Cg4 43. Tg4 Td5 44. f6 Td1 45. g7 1-0 Albul a ales o deschidere mai puțin studiată și jucată în care a întârziat cât a putut ocuparea centrului cu pionii și figurile sale, pentru a evita deschiderea timpurie a jocului. Abia la mutarea a 15-a albul și-a plasat un pion bine apărat în centru, pe linia a patra, toate celelalte piese ale sale păstrându-le incă retrase pe primele trei linii, cu pionii în fața figurilor.

Poziția albului fiind fără slăbiciuni de atacat, negrul s-a văzut nevoit să caute permanent să le provace încercând să deschidă jocul prin înaintarea pionilor, fapt ce, dimpotrivă, a dus la slăbiciuni strategice în propria lui poziție, slăbiciuni greu de identificat de calculator, pe care Kasparov le-a exploatat cu măiestrie. După câteva schimburi de pioni și figuri, albul a găsit o manevră strategico-tactică prin care a creat doi pioni liberi legați, bine susținuți pe flancul regelui. Negrul, fiind mai puțin priceput în strategie decât în tactică, a subestimat pericolul mare generat de acești doi pioni (vezi mai jos poziția după mutările 28 (diag. 1), 29 (diag. 2), 30 (diag. 3), 31(diag. 4) și 32 (diag. 5). Ei neputând fi opriți, negrul a cedat la mutarea nr. 45 (diag. 6).

## CONSTANTIN MIHĂESCU

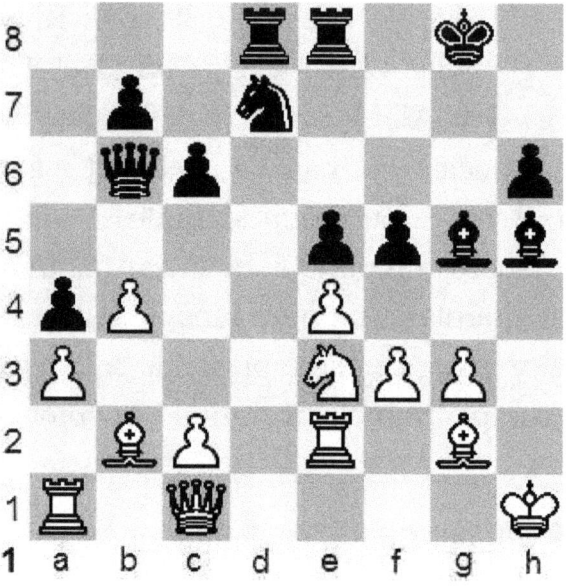

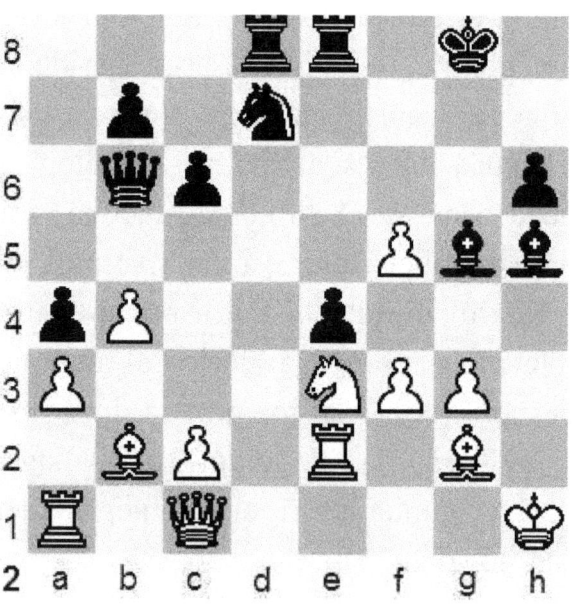

# CURS DE ŞAH ŞI MANAGEMENT ŞTIINŢIFIC

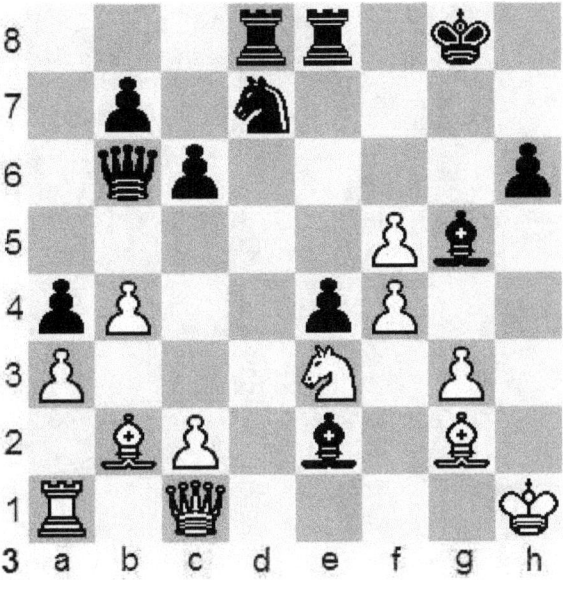

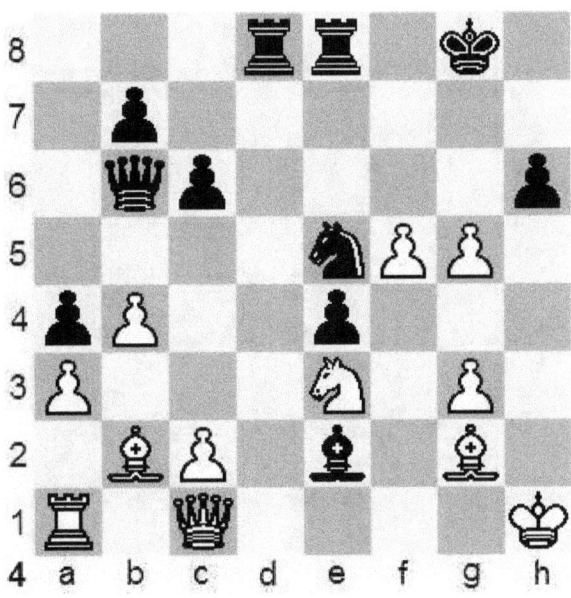

## CONSTANTIN MIHĂESCU

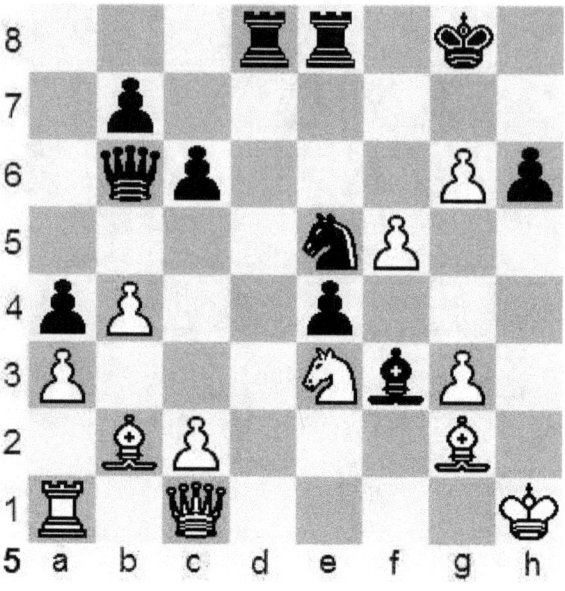

5

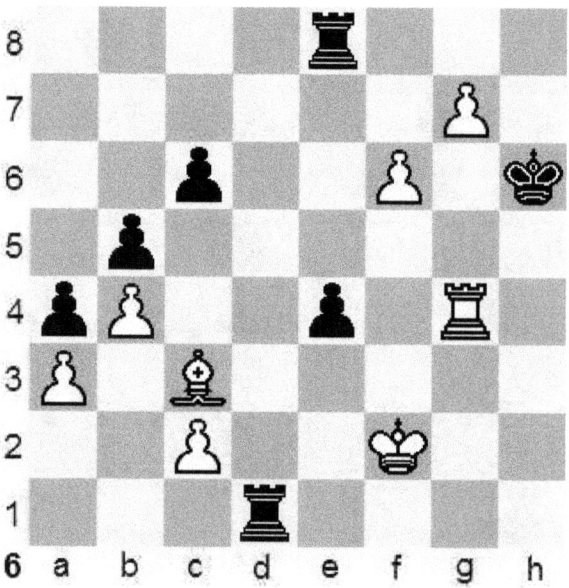

6

## 7.3. Despre metoda limitării active a posibilităților de joc ale adversarului

Studiul atent al acestor două partide ale celui ce timp de 15 ani a deținut titlul de campion mondial relevă cât se poate de clar că una dintre metodele cele mai eficace de luptă împotriva calculatorului este ținerea jocului închis, limitarea posibilităților pieselor adverse de a avansa pe poziții active în și spre poziția noastră și amânarea confruntărilor tactice majore cât mai multe mutări posibil.

Procedând astfel câștigăm timpul necesar pentru a imagina și obține pas cu pas mici avantaje poziționale, de spațiu și de activare a figurilor proprii, avantaje care însumate să ne permită la un moment dat (momentul superiorității efective – MSE, vezi Capitolul. 4) declanșarea unui atac decisiv la regele advers.

Aceasta *limitare activă* a jocului advers este singura modalitate de a evita punerea în valoare de către calculator a mai mult sau mai puțin teribilei lui capacități de calcul și de combinații tactice în jocul deschis și de a-l obliga să accepte confruntarea de idei strategice în care el nu excelează.

Imaginaţia omului în ceea ce priveşte elaborarea de strategii nu are limite şi este cu atât mai productivă şi spectaculoasă cu cât operează în poziţii cu mai multe piese în joc şi pe mai multe mutări avute la dispoziţie.

Pentru a ilustra excepţionala importanţă a strategiei limitării active a jocului advers chiar şi în poziţiile cele mai simple, am ales următorul studiu al lui Maizelis din 1921, în care albul la mutare câştigă numai dacă limitează cu mutări active jocul negrului (vezi diag. 1):

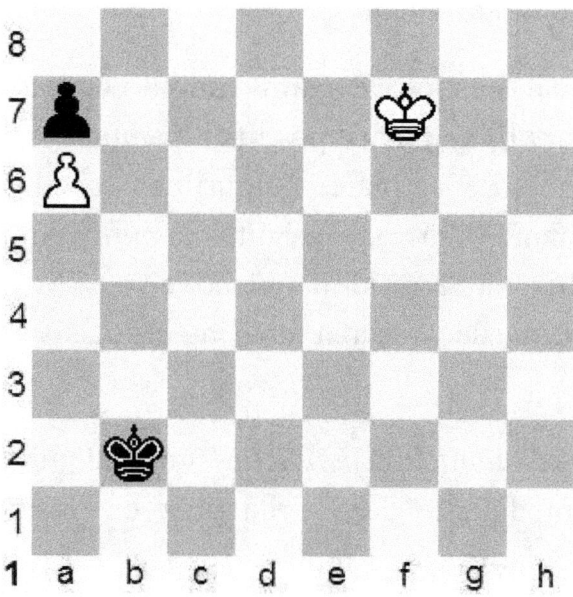

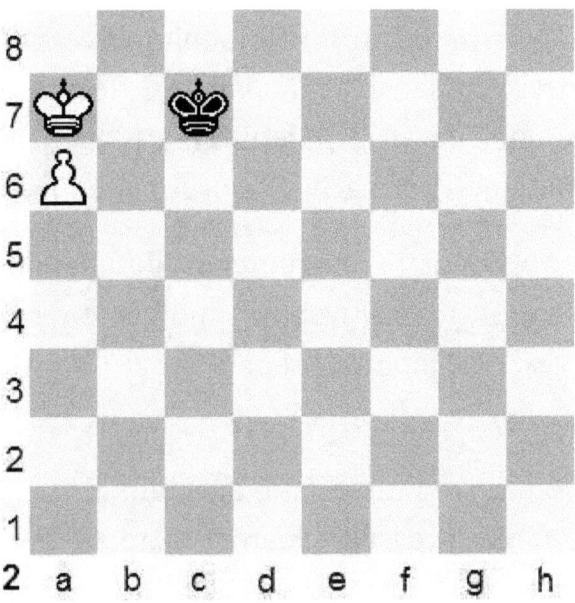

Analiza poziţiei arată că albul câştigă numai dacă după ce ia pionul negru poate să se dea la o parte din calea spre transformare a propriului pion. Pentru aceasta el nu trebuie să-i permită negrului să ajungă în poziţia din diagrama nr. 2 şi să obţină remiza:

În drumul său spre pionul negru din a7, albul trebuie deci ca în fiecare mutare să îmbine **limitarea posibilităţilor negrului** de a se apropia de câmpul c7, pe de o parte, cu **apropierea de pionul negru pentru a-l captura** într-un moment în care negrul să nu poată muta imediat pe campul c7, pe de alta parte.

Cu alte cuvinte, **limitarea** jocului advers trebuie să fie și **activă,** în sensul adăugării cu fiecare mutare a încă unei contribuții la îndeplinirea planului strategic sau planului tactic urmărit în cadrul planului strategic..

În fiecare mutare, **caracterul defensiv limitativ** asupra jocului advers trebuie îmbinat cu **caracterul activ agresiv** al jocului propriu (vezi Cap. 4, mutare activă).

Concret, în studiul de față, dacă albul se grăbește și joacă mutarea firească, aparent corectă 1. Re7? el ratează victoria întrucât urmează: 1 ... Rc3 2. Rd7 Rd4 3. Rc7 Rd5 4. Rb7 Rd6 5. R:a7 Rc7 remiză.

Prima mutare a albului în acest caz este greșită pentru că nu întrunește decât caracterul agresiv (activ), ignorând pe cel defensiv (limitaiv asupra posibilităților negrului de a ajunge pe câmpul c7).

Pentru a îndeplini și caracterul limitaiv asupra jocului advers, concomitent cu apropierea de pionul de capturat, albul trebuie să iasă în întâmpinarea regelui negru ca să-i limiteze mobilitatea, astfel încât să-l împiedice să ajungă în timp util la câmpul salvator c7.

Manevra de câștig a albului este simplă și foarte instructivă, motiv pentru care acest studiu este bine să fie cunoscut și chiar amintit în cursul jocului.

Cu primele două mutări regele alb se apropie concomitent de două ținte: pionul advers și zona ("poarta") alcătuită din câmpurile c4 și d4, prin care negrul trebuie să treacă la mutarea a doua pentru a se putea apropia fără nici o pierdere de tempo, prin învăluire, de câmpul c7.

Ocupând la mutarea a doua câmpul d5, regele alb plasează la timp în calea regelui negru o "barieră" de netrecut care-l face pe acesta din urmă să piardă un tempo prețios și odată cu el, partida.

Continuarea corectă pentru alb este: **1. Re6! Rc3 2. Rd5! Rb4 3. Rc6 Ra5 4. Rb7 Rb5** (Regele negru este nevoit să bată pasul pe loc pe linia a cincea, neavând pe unde să se mai apropie de câmpul c7) **5. R:a7 Rc6 6. Rb8** și albul câștigă.

La nivel de partidă, o modalitate de realizare a limitării active a mobilității și periculozității pieselor adverse este împiedicarea lor de a ajunge pe câmpuri apropiate de poziția noastră, înghesuirea acestora, aducerea şi menţinerea lor în poziţii marginale sau în care se blochează unele pe altele.

Această strategie de diminuare a posibilităţtilor de atac ale adversarului se aplică simultan cu manevre active de obţinere de avantaje poziţionale, aşa cum in mod străalucit ne-a demonstrat Garry Kasparov în partidele de mai înainte, câştigate împotiva celui mai puternic calculator de şah din lume.

## 8. Partide câştigate de autor împotriva calculatorului WinBoard 2.0 folosind modelul universal al organizării şi managementului

În partidele ce urmează fiecare pereche de mutări este prezentată într-o diagramă însoţită alăturat de un comentariu în care se explică intenţiile şi realizările jucătorilor, maniera în care fiecare îşi organizează poziţia, planul strategic sau tactic urmărit şi realizarea lui, modul în care ei îşi gestionează resursele, pe scurt managementul gândirii lor in lumina celor aratate in capitolele anterioare.

Acest mod de prezentare printr-o succesiune de imagini (diagrame) a jocului uşurează mult înţelegerea gândirii participanţilor de-a lungul întregii partide, căci este cunoscut că. *o imagine face cât o mie de cuvinte* şi că în procesul de predare filmul este de preferat, fiind cel mai eficace.

## Partida nr. 1

**Alb: C. M. Negru: Calculator**

**1. d2-d4 Cg8-f6**

Ca să evite complicaţiile tactice in care negrul e mare expert, planul albului urmăreşte de la început închiderea jocului, întârzierea activării pieselor negre, micşorarea la maximum a spaţiului lor de manevră, înghesuirea lor in apărare pe un flanc şi pregătirea discretă a unei lovituri neaşteptate decisive cu dama pe celălalt flanc.

**2. c2-c4 c7-c6**

Albul permite activarea damei pe câmpurile c2 şi b3, unde nu împiedică ieşirea în joc a calului din b1, a nebunuluii din c1 şi a turnului din a1 care va intra în luptă pe coloana "d". Negrul inventariază rapid slăbiciunile existente sau anticipate în poziţia albului şi le atăă prompt. La mutarea nebunului din c1 se pregăteste din timp să atace cu dama la b6 pionul alb din b2.

**3. Nc1-g5 Cf6-e4**

Albul vrea să elimine calul din f6, caii fiind mai valoroşi ca nebunii în poziţii închise. Dacă negrul joacă 3.. h6 pentru a alunga nebunul, atunci albul joaca 4. N: f6 şi după 4 ...e: f pionul din f6 împiedică dezvoltarea uşoară a pieselor negre de pe flancul regelui. Negrul atacă imediat nebunul g5 cu calul atacat de el.

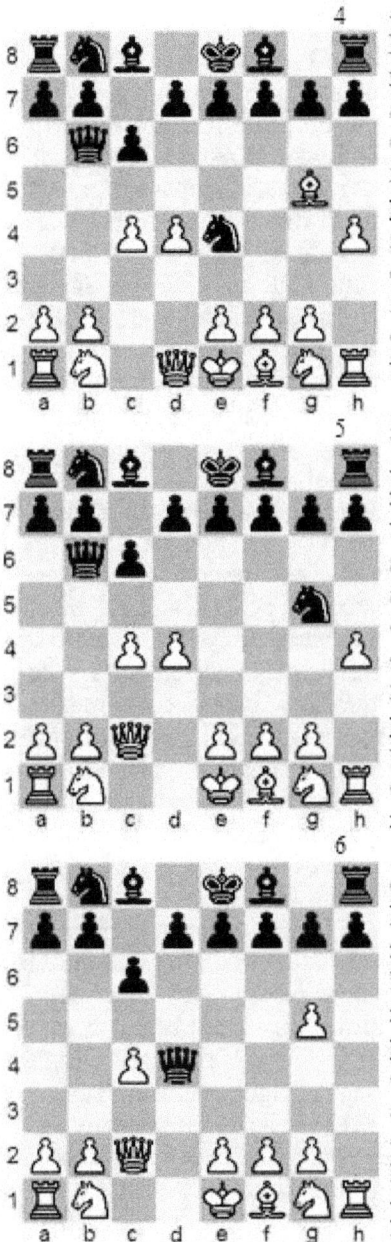

**4. h2-h4 Dd8-b6**
Pe tempoul cheltuit de negru, albul nu retrage nebunul atacat, ci mai aduce în joc încă două piese (pionul h4 și turnul h1) și se apără fără a-și întârzia realizarea planului strategic. Negrul atacă simultan pionul slab b2 și pionul d4. Albul s-ar putea apăra jucând 5. b3 sau 5. Nc1, dar în ambele cazuri ar trebui să sacrifice un tempo pentru o mutare inactivă.

**5. Dd1-c2! Ce4:g5**
Albul eliberează câmpul d1 pentru rocadă, apără pionul b2 atacând totodată calul negru. Capturarea acum a pionului d4, dupa 6. Cf3 ar duce pe negru la pierderea a cațiva tempo importanți. Schimbul calului pe nebun la g5 este și el favorabil numai albului, căci pe poziția calului negrul a cheltuit trei tempo pe când pe nebun albul a cheltuit numai unul. Negrul ramâne în urmă cu doi tempo.

**6. h4:g5 Db6:d4**
Nedescoperind în calculele sale pe multe mutări înainte nici o variantă în care să ajungă în dezavantaj material, negrul capturează totuși pionul din d4, cazând astfel în cursa strategică subtilă întinsă de alb. Oricât ar fi de performant, un calculator nu poate să sesizeze întotdeauna ideea centrală a unui plan strategic (pe termen lung) de felul celui după care joacă albul.

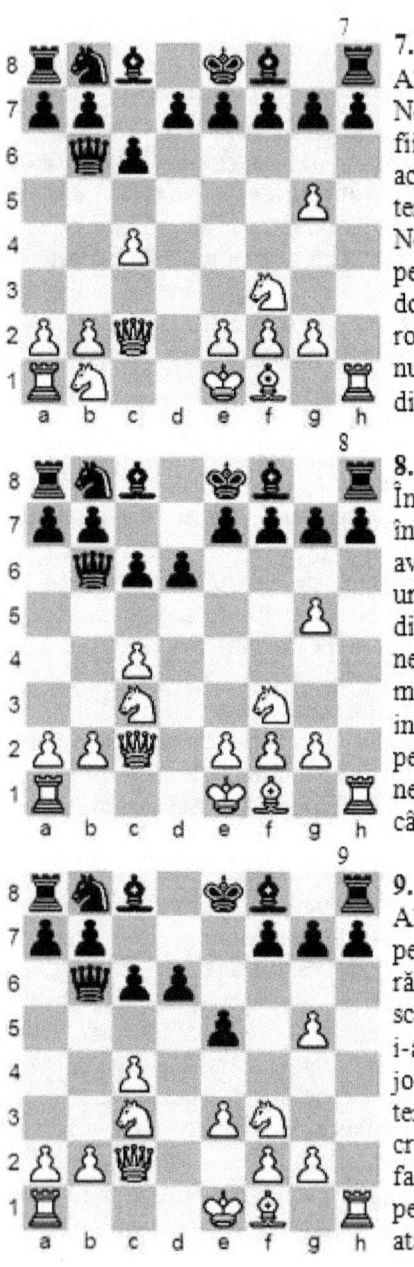

**7. Cg1-f3   Dd4-b6**

Albul aduce încă o figură în joc. Negrul nu poate face același lucru fiind obligat să retragă dama și de aceea rămâne în urmă cu încă un tempo în dezvoltarea pieselor sale. Negrul are în joc o singură piesă, pe când albul are cinci! În numai două mutări albul poate face rocada, negrul ar putea să o facă numai în patru, deoarece pionul din h7 trebuie apărat în prealabil

**8. Cb1-c3   d7-d6**

În timp ce albul reușește să aducă în joc încă o figură pe un câmp avansat de unde la mutarea următoare poate ataca direct dispozitivul de apărare advers, negrul este nevoit să se mulțumească numai cu o mutare inofensivă de pion, menită doar să permită scoaterea în joc a nebunului din c8 și înaintarea două câmpuri a pionului e7.

**9. e2-e3   e7-e5**

Albul amână efectuarea rocadei pentru ca la 9. ..., Ng4 să poată răspunde cu 10. Ne2 oferind un schimb de figuri pe câmpul f3 care i-ar fi favorabil întrucât ar aduce în joc încă o figură pe cheltuiala de tempo a adversarului. Negrul își creează un pion în centrul tablei și face loc nebunului f8 pentru a ieși pe câmpul e7 de unde ar putea ataca pionul alb din g5.

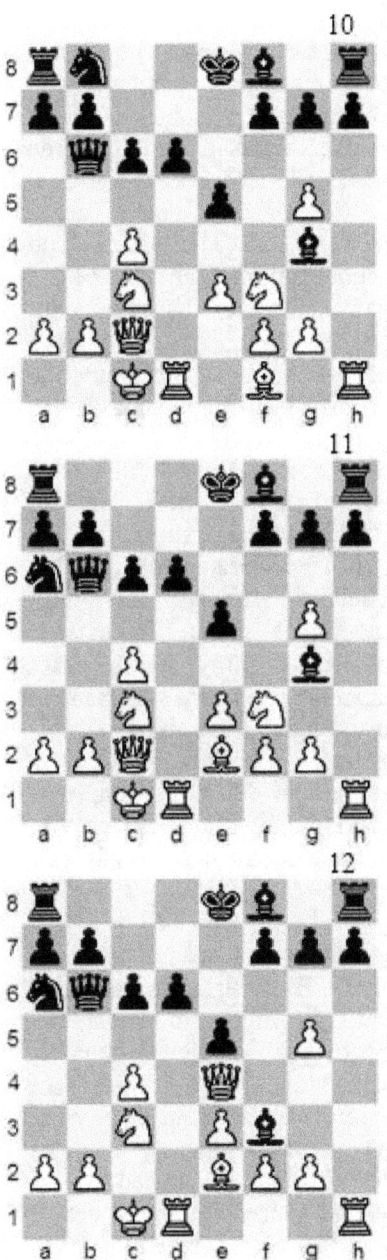

**10. 0-0-0   Nc8-g4**

Cu efectiarea rocadei mari, pregătirile de atac ale albului sunt aproape terminate, superioritatea sa pozitională este evidentă. Albul trece la tranformarea ei in victorie cu mutări care îmbină manevre strategice cu lovituri tactice de atac-apărare. Negrul scoate în joc nebunul din c8 pe câampul g4 de pe care "leagă" calul din f3 de turnul alb din d1.

**11. Nf1-e2   Cb8-a6**

Albul îşi desleagă imediat calul scoţând la luptă ultima figură încă neintrată în joc şi ameninţă ca la mutarea următoare să alunge nebunul stânjenitor din g4 şi să-l oblige fie să se retragă, fie să accepte schimbul pe f3 ieşind din joc cu încă două tempouri pierdute de negru pentru mutările lui. Negrul scoate calul pe câmpul a6 de pe care poate ataca apoi pe b4, cu tempo, dama albă.

**12. Dc2-e4!   Ng4:f3**

Albul ameninţă acum capturarea nebunului negru fără apărare din g4 şi aduce dama în centru mărind presiunea asupra dispozitivului de apărare advers prin noi posibilităţi de combinaţii tactice posibile datorită excelentei colaborări a pieselor sale. Negrul acceptă schimbul pe f3 sperând ca la mitarea aşteptată 13. N: f3 să poată face rocada mare.

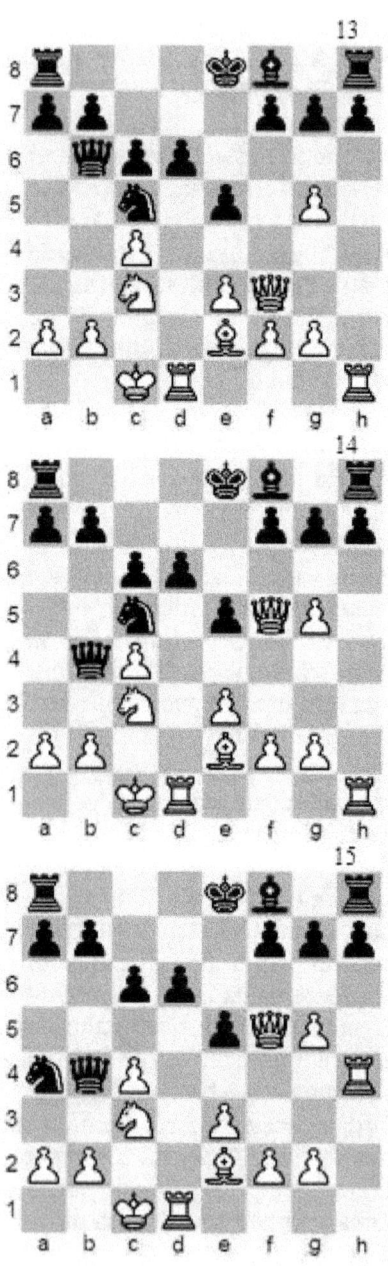

**13. De4:f3!! Ca6-c5**

Albul mută însă neaşteptat, ci conform planului strategic. Dama albă atacă pionul f7 care se pierde dacă negrul face rocada mare. şi din acest motiv regele negru ramâne pe loc ca sa-l apere. Sub presiunea tuturor figurilor albe şi a pionului din g5 flancul regelui negru se prăbuşeşte în câteva mutări. Albul are mare avantaj de dezvoltare şi de spaţiu controlat.

**14. Df3-f5!! Db6-b4**

Albul face o nouă mutare strategică surpriză pentru a lua sub control şi diagonala c8-h3, marindu-şi astfel şi mai mult avantajul de spaţiu. Totodată el împiedică definitiv rocada mare obligând regele negru să ramână în centru, unde e expus la multiple ameninţări. Urmează ca albul să aducă pionul din f2 pe câmpul f4 atacând pionul din e5 pe care se sprijină în centru apărarea adversă.

**15. Th1-h4 ! Cc5-a4**

Din nou o mutare strategică a albului. El refuză să recâştige pionul sacrificat în deschidere, reapectiv să ia pionul din h7, deoarece apoi negrul poate face rocada. El muta turnul pe h4 ca să apere pionul c4 şi pentru a-l putea folosi în atac.şi in centru. Se ameninţă aducerea lui pe e4 pentru atacul final asupra regelui negru.

**16. Cc3:a4    Db4:a4**

Contraatacul negrului a luat sfârşit din lipsă de resurse. În afară de damă, toate celelalte patru figuri ale negrului sunt încă în poziţia iniţială! Negrul resimte acum acut pierderile repetate de tempo din deschidere, pierderi care au micşorat substanţial numărul de piese scoase de el în joc. Pionul în plus nu reprezintă o compensaţie suficientă şi negrul nu mai are practic mutări active la dispoziţie.

**17. Rc1-b1    c6-c5**

Albul ameninţă spargerea imediată a lanţului de pioni centrali ce încă mai apără regele negru. El nu poate fi împiedicat să joace 18. f4 după care pionul central din e5 va cădea atacat de trei figuri grele ale albului. Negrul se mulţumeşte să blocheze măcar înaintarea pionului c4 şi să pregătească retragerea damei în apărare pe câmpul d7.

**18. f2-f4    Da4-d7**

Albul începe acum atacul asupra centrului negru. În apărare negrul propune schimbul damei sale pe dama albului, încercând astfel să diminueze presingul acestuia. Schimbul va fi refuzat şi deşi albul nu va mai controla câmpul c8, negrul din nou nu va putea să-şi pună regele la adăpost prin rocada mare deoarece la 18. ...0-0-0 ? el pierde dama legata dupa 19. Ng4.

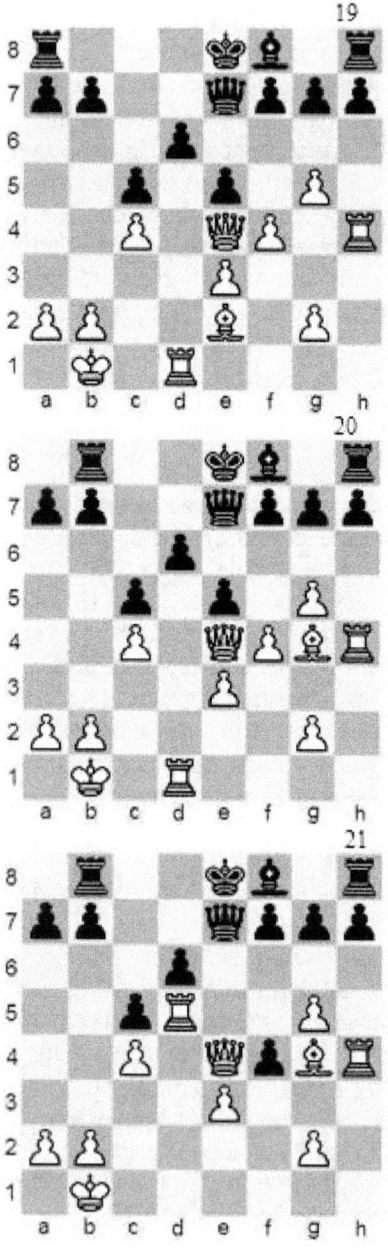

**19. Df5-e4! Dd7-e7**
Albul continuă gruparea pieselor atacatoare în vederea loviturii tactice finale. Negrul apară pionul e5 și la mutarea următoare vrea să schimbe acest pion care nu va mai putea fi apărat și albul îl mai poate ataca imediat cu unul din turnuri și în mutările următoare și cu celălalt turn. Totodată negrul părăsește cu dama câmpul d7 pentru a putea să facă rocada mare.

**20. Ne2-g4! Ta8-b8**
Nebunul alb împiedică din nou și de data aceasta definitiv rocada mare a negrului și totodată susține puternic atacul final asupra regelui advers. Neavând alt plan mai bun, negrul mută turnul pe b8 de unde va putea susține un contraatac asupra regelui alb cu 20. ... b5 urmată de deschiderea coloanei "b". Atacat energic de alb, negrul nu va avea însă timpul necesar acestei acțiuni.

**21. Td1-d5 e5:f4**
Albul atacă acum cu trei piese pionul negru din e5, stâlpul apărării regelui negrului. Acesta, neputându-l apăra decat cu două piese, se decide să-l schimbe cu pionul alb din f4 și să propună din nou schimbul damelor. Negrul scapă astfel de o grijă, dar mutarea lui lasă cale liberă înaintării in atac a pionului din e3.

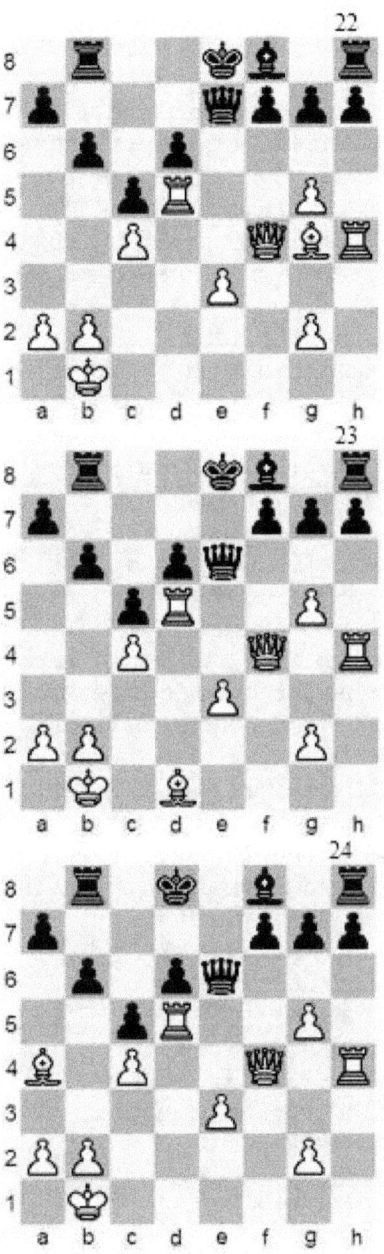

**22. De4:f4   b7-b6**

Albul refuză şi de data aceasta schimbul damelor şi permite înaintarea pionului din e3. Negrul nu se poate opune acestei înaintări şi se pregăteşte să suporte impactul ei luând câteva măsuri de consolidare a poziţiei sale, atât cât mai este posibil. Pionul b7 face loc turnului din b8 ca la nevoie să poata apăra şi el din b7 pionul f7 ce poate fi supraatacat.

**23. Ng4-d1!   De7-e6**

Nebunul alb şi-a făcut datoria pe flancul regelui. Acum se pregăteşte să ocupe câmpul central d5 de unde va contribui atât în apărare cât şi în atacul pe ambele flancuri, profitând la timp de slăbiciunea multor câmpuri albe din poziţia negrului. Întrucât nu bănuieşte planul strategic al albului, negrul nu încearca să oprească această manevră ocolitoare a nebunului alb.

**24. Nd1-a4+   Re8-d8** (v. d. 24)
**25. Td5-f5   Tb8-b7**
**26. Na4-c6   Tb7-e7**

Profitând de timpul cheltuit de alb pentru a-şi aduce nebunul pe flancul damei la un pas de câmpul de destinaţie d5, după multe mutări de simplă apărare negrul ameninţă şi el ceva: capturarea pionului e3, ameninţare însă destul de uşor de parat de către alb.

**27. e3-e4 De6-g6** (v. d. 25)

Pionul atacat e3 se pune la adăpost înaintând pe un câmp bine apărat, şi eliberează linia a treia pentru transferul rapid al figurilor grele albe pe flancul damei. Dama neagră se aşează pe diagonala b1-h7 pentru a bloca prin legare de regele alb piesele albe de pe ea.

**28. Nc6-d5 Rd8-e8**

Nebunul alb d5 domină câmpurile albe şi susţine puternic atacul. Negrul încearcă zadarnic să se mai elibereze cu câteva mutări de pion:

**29. Df4-f3! h7-h6**
**30. Th4-h1 a7-a6**
**31. Th1-f1 f7-f6** (v. d. 26)
**32. g5:f6 Te7-c7**

Acesta e momentul superiorităţii efective (MSE - vezi Cap. 4), în care planul strategic prestabilit de alb se îndeplineşte: dama albă se mută pe neaşteptate pe flancul damei lăsat fără apărare, figurile negrului fiind mobilizate pe celălalt flanc. După încă o scurtă rezistenţă disperată, negrul va fi învins. A mai urmat:

**33. Df3-a3! Dg6:g2** (v. d. 27)
**34. Da3:a6 Re8-d8**
**35. Da6-a8+ Tc7-c8**
**36. Da8-b7 Tc8-c7**
**37. Db7-b8+ Tc7-c8**
**38. Db8:b6+ Rd8-e8**
**39. Db6-b7 Re8-d8**
**40. Nd5-e6 Tc8-c7**
**41. Db7-b8+ Tc7-c8**
**42. Db8:c8 mat**

## CURS DE ŞAH ŞI MANAGEMENT ŞTIINŢIFIC

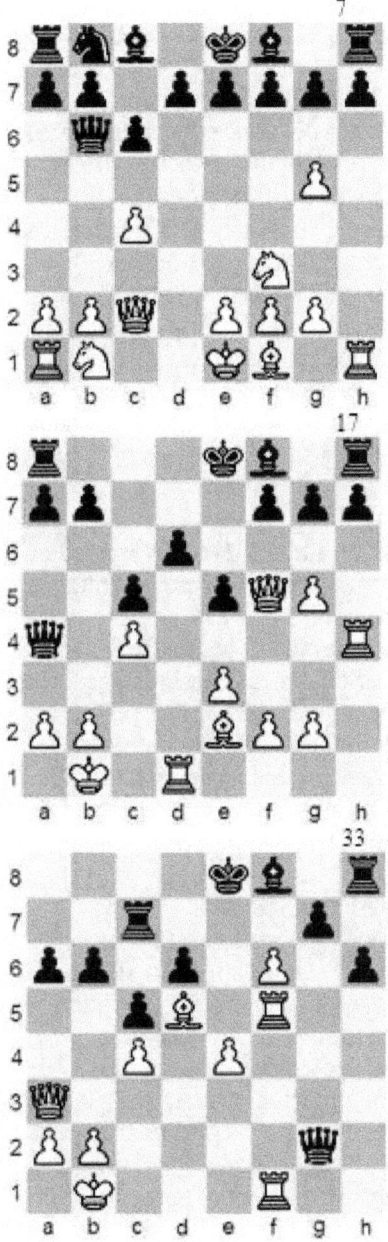

**Rezumat**

Jucând fără un plan strategic, din primii şapte tempo negrul a cheltuit cinci cu mutări care nu au adus piese noi in joc.calul din g8 n-a adus nici un câstig şi a ieşit de pe tabla, iar pionul în plus capturat de dama neagră nu compensează deloc pierderile de tempo grave din deschidere, când fiecare tempo trebuie folosit cu maximum de efecte pozitive in poziţie.

Dupa 17 mutări negrul are o singură piesă activă: dama, iar regele lui nu pote fi pus la adăpost prin rocadă. Albul a încheiat deja deschiderea şi are patru figuri active, plus trei pioni gata de atac pe flancul regelui. pe coloanele "e", "f" şi "g". Piesele lui ocupă câmpuri de pe care nu se împiedică reciproc şi au spaţiu de manevră pentru a coopera uşor în atac.

Timp de 33 de mutări negrul a rezistat cu greu şi a trebuit să dea inapoi pionul în plus, iar poziţia regelui său este încă foarte vulnerabilă. Pentru a îndepărta dama neagră de la apărarea lui, albul sacrifică pionul din g2 şi pe neaşteptate atacă decisiv cu dama pe flancul damei apărat numai de un turn advers. Necoordonate de un plan strategic, figurile negre sunt lipsite de forţa de joc, fapt ce duce inevitabil şi repede la mat.

**Partida nr. 2**

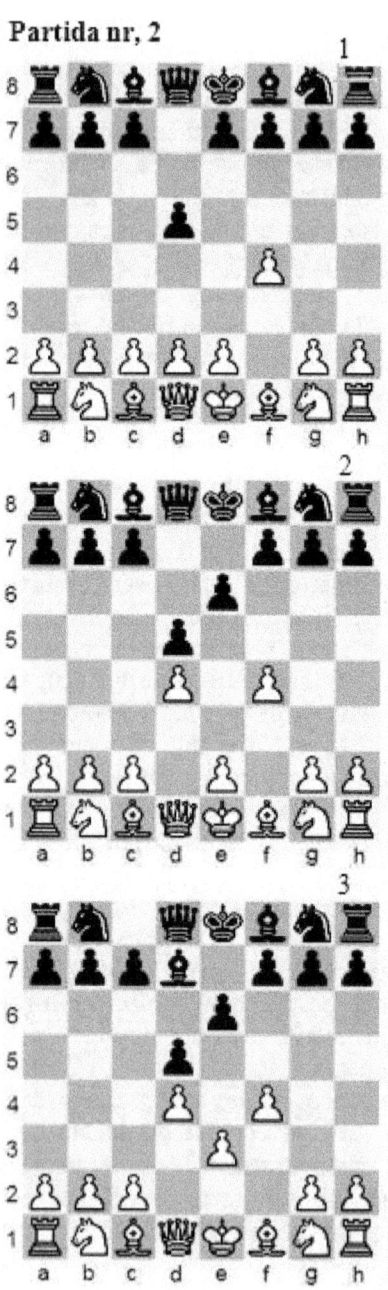

Alb: C. M. Negru: Calculator

**1. f2-f4! d7-d5**

Albul dă de la început mutărilor un clar cvadruplu caracter ofensiv-defensiv și strategic-tactic. Planul strategic urmărit este închiderea jocului pentru diminuarea forței nebunilor adverși, păstrarea cailor cât mai mult timp posibil și exploatarea lor pentru spargerea în final a apărării regelui negru. În joc piesele să intre rapid, una după alta, fără să se împiedice reciproc.

**2. d2-d4! e7-e6**

Pionii albului d4 și f4 împiedică pentru mult timp mutarea eliberatoare e6-e5 ce ar putea deschide jocul în centru, Negrul intenționează să deschidă jocul cu străpungerea de pion c7-c5 și permite pătrunderea damei negre pe flancul regelui pe diagonala d8-h4 cu amenințări tactice legate de slăbiciunea diagonalei e1-h4.

**3. e2-e3 Nc8-d7**

Albul își consolidează apărarea pionilor avansați d4 și f4 și pregătește intrarea în joc a nebunului de câmpuri albe pe o poziție ofensivă pe câmpul d3, de unde pune presiune pe flancul regelui negru. Negrul urmărește să atace pe flancul damei și pregătește schimbul nebunului din d7 întrucât lanțul de pioni f7-e6-d5 îi limitează mult aria de acțiune.

**4. c2-c3  c7-c5**

Albul asigură o rezervă pentru pionul d4 care se așteaptă să fie atacat, consolidând astfel lanțul de pioni albi ce blocheaazăa centul și închide jocul. Negrul începe atacul acestui lanț, mărind presiunea pe flancul damei și oferă un schimb de pioni pe câmpul c5, schimb favorabil lui, deoarece ar deschide jocul pe flancul damei și ar aduce în joc nebunul negru din f8.

**5. Nf1-d3  c5-c4**

Mutarea albului e o cursă fină strategică. Negrul cade în ea, înaintează cu tempo pionul la c4 și amână atacul asupra lanțului de pioni al albului pe câmpul d4, sperând să-l dezlănțuie mai târziu pe câmpul c3, după înaintarea pe câmpul b4 a pionului său din b7. Atacul rapid al albului pe celălalt flanc nu-i va lăsa însă timp pentru a realiza acest contratac.

**6. Nd3-c2  Nf8-d6**

Nebunul albului se retrage, dar nu părăsește diagonala cea mai lungă pe care poate fi activ, presând în continuare apărarea negrului pe flancul regelui. Negrul scoate în joc nebunul de câmpuri negre pe o poziție activă. Dacă albul ar face rocada mică, negrul ar putea ataca imediat cu mutarea g7-g5 și și-ar pune regele la adăpost în centru sau pe flancul damei.

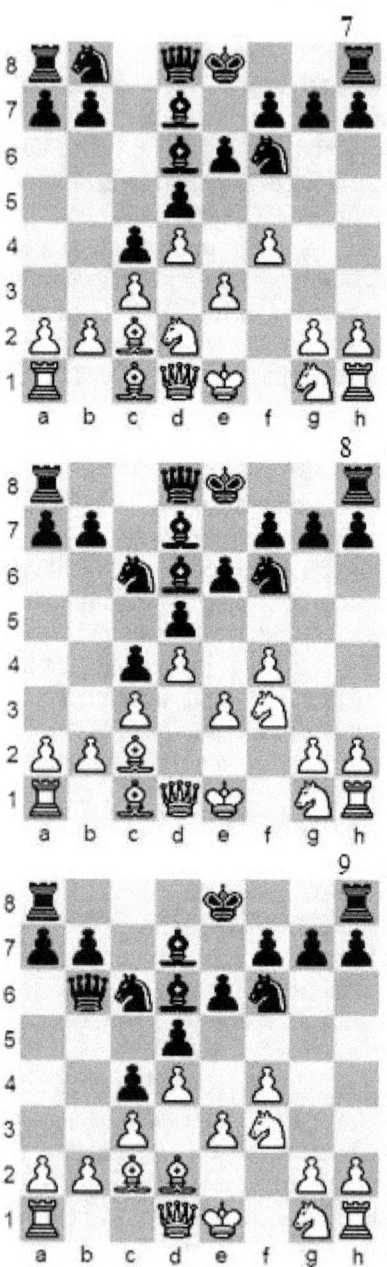

**7. Cb1-d2 Cg8-f6**

Albul a jucat în așa fel încât să lase cailor trei posibilități pentru prima lor mutare, toate promițătoare din punct de vedere al planului strategic. Poziția lui nu are slăbiciuni și el va continua să pregătească atacul pe flancul regelui: calul din b1 se îndreaptă deja spre acest flanc și totodată eliberează câmpul b1 pentru nebunul de câmpuri albe de la c2.

**8. Cd2-f3! Cb8-c6**

Începerea atacului negrului cu mutarle b7-b5-b4 ar fi prematură acum întrucât în urma lui nu ar rezulta slăbiciuni ale albului pe care să le poată ataca în continuare preluând inițiativa. Calul este adus pe un câmp de pe care poate să ajungă pe b4 cu tempo dacă după înaintarea pionului său acolo acesta va fi luat de pionul din c3.

**9. Nc1-d2! Dd8-b6**

Albul întinde din nou negrului o cursă cu caracter strategico-tactic: lasă pionul din b2 fara apărare atrăgând asupra lui atacul imediat al damei negre pe câmpul b6. Negrul cade în cursă apreciind că prin acest atac fie va crea slăbiciuni în poziția albului daca acesta se va apăra cu mutarea b2-b3, fie va întârzia sau împiedica definitiv rocada lui mare din cauza necesității de a apăra pionul b2.

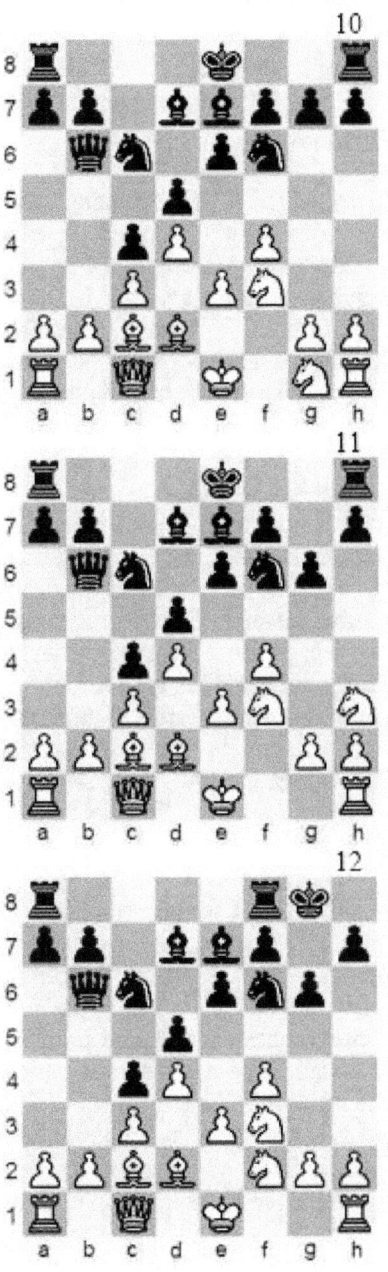

**10. Dd1-c1! Nd6-e7**
Poziția fiind închisă și fără clare slăbiciuni în tabăra albului pe care să le atace, negrul face o mutare de așteptare. Regele alb se simte bine apărat în centrul taberei sale, așa că va renunța la ambele rocade și va continua să pregătească un atac decisiv pe flancul unde regele negru e evident că va face rocada. Atacul albului va începe în curând cu mutarea pionului din g2 la g4

**11. Cg1-h3! g7-g6**
Albul pregătește înaintarea g2-g4 aducând calul din h1 prin h3 la f2. Toate piesele lui vor fi pe câmpuri de pe care pot sustine direct sau/și indirect acest atac. Negrul mai face încă o mutare de așteptare pentru a vedea dacă albul face rocada mică sau o altă mutare care să-i demaște planul. Totodată preîntâmpină o eventuală înaintare f4-f5.

**12. Ch3-f2! 0 – 0**
Cu această mutare pregătirile de atac ale albului s-au încheiat. Cei doi cai albi, unul lângă altul, domină flancul regelui și oferă albului multe posibilități de continuare a atacului, apărând totodată tot ce este de apărat. Apreciind că dacă ar face rocada mare si-ar expune regele unui atac al albului începând cu mutarea b2-b3, negrul se decide să facă totuși rocada mică.

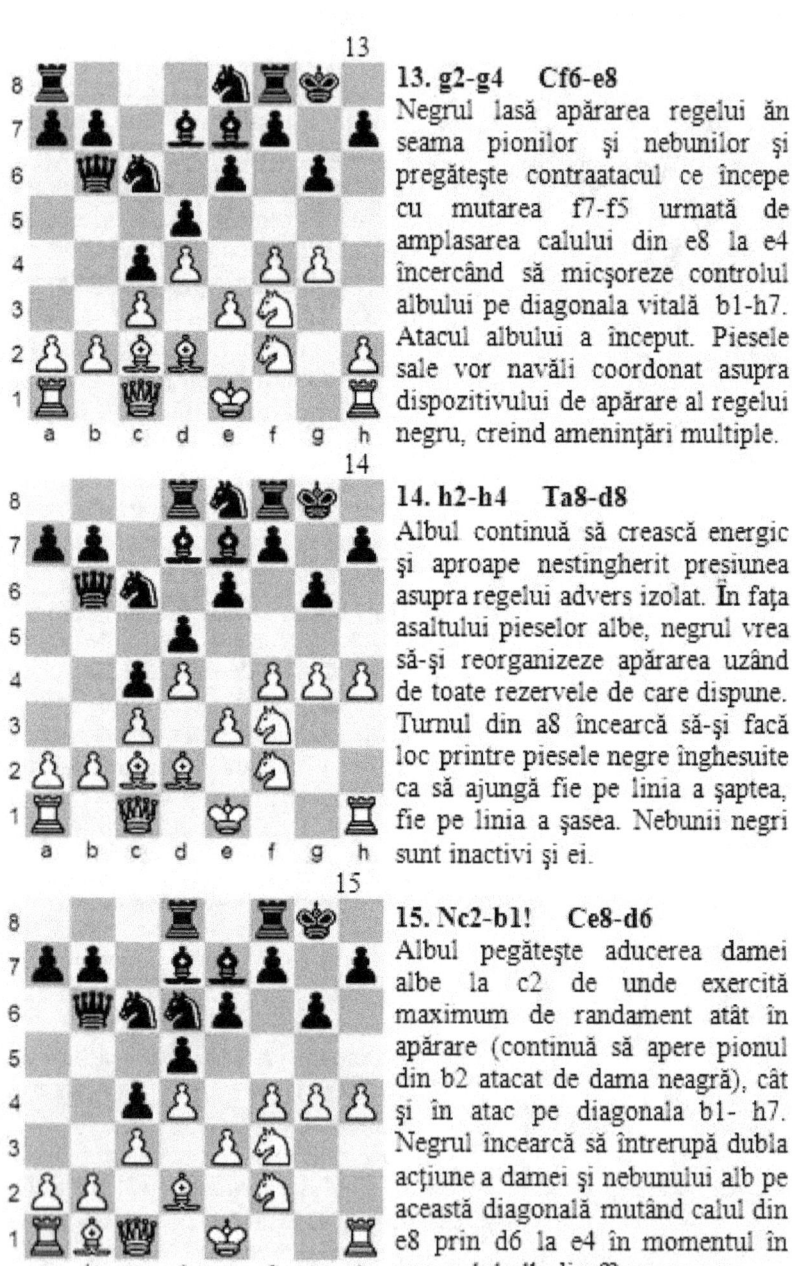

**13. g2-g4 Cf6-e8**

Negrul lasă apărarea regelui ăn seama pionilor şi nebunilor şi pregăteşte contraatacul ce începe cu mutarea f7-f5 urmată de amplasarea calului din e8 la e4 încercând să micşoreze controlul albului pe diagonala vitală b1-h7. Atacul albului a început. Piesele sale vor năvăli coordonat asupra dispozitivului de apărare al regelui negru, creind ameninţări multiple.

**14. h2-h4 Ta8-d8**

Albul continuă să crească energic şi aproape nestingherit presiunea asupra regelui advers izolat. În faţa asaltului pieselor albe, negrul vrea să-şi reorganizeze apărarea uzând de toate rezervele de care dispune. Turnul din a8 încearcă să-şi facă loc printre piesele negre înghesuite ca să ajungă fie pe linia a şaptea, fie pe linia a şasea. Nebunii negri sunt inactivi şi ei.

**15. Nc2-b1! Ce8-d6**

Albul pegăteşte aducerea damei albe la c2 de unde exercită maximum de randament atât în apărare (continuă să apere pionul din b2 atacat de dama neagră), cât şi în atac pe diagonala b1- h7. Negrul încearcă să întrerupă dubla acţiune a damei şi nebunului alb pe această diagonală mutând calul din e8 prin d6 la e4 în momentul în care calul alb din f2 va avansa.

**16. Dc1-c2   Cc6-b8**

Albul pregătește ruperea lanțului de pioni ce apără regele advers cu mutarea 17. h4-h5 și deschiderea coloanei "h" pentru turnul din h1. Negrul constată că la c6 calul negru nu participă la nici o acțiune de atac și nici la apărarea regelui asaltat de piesele albe. De aceea negrul îl retrage la b8 de unde prin câmpul d7 speră că va putea să vină și el în ajutorul regelui său

**17. h4-h5   Nd7-e8**

Albul dă prima lovitură lanțului de pioni negri ce-și apără încă regele. Negrul nu mai are altceva de făcut decât să apere încă o dată pionul g6 atacat de trei piese albe. Este evident că negrul a anticipat corect iminența acestui atac și de aceea cu mutarea lui anterioara a urmărit și eliberarea câmpului e8 pentru nebunul din d7. Schimbul de pioni pe câmpul g6 este inevitabil, cu consecințe grave pentru negru.

**18. h5:g6   f7:g6**

Albul a reușit deja să deschidă o coloană pe flancul regalui advers, coloană pe care atacă acum cu un turn. Asupra celor doi pioni rămași să apere regale negru, albul atacă puternic cu trei piese (un turn, dama și nebunul de câmpuri albe) și în numai trei mutări poate ataca și cu caii săi, aflați pe poziții foarte favorabile. Și falanga de pioni de pe f4 și g4 este gata de atac.

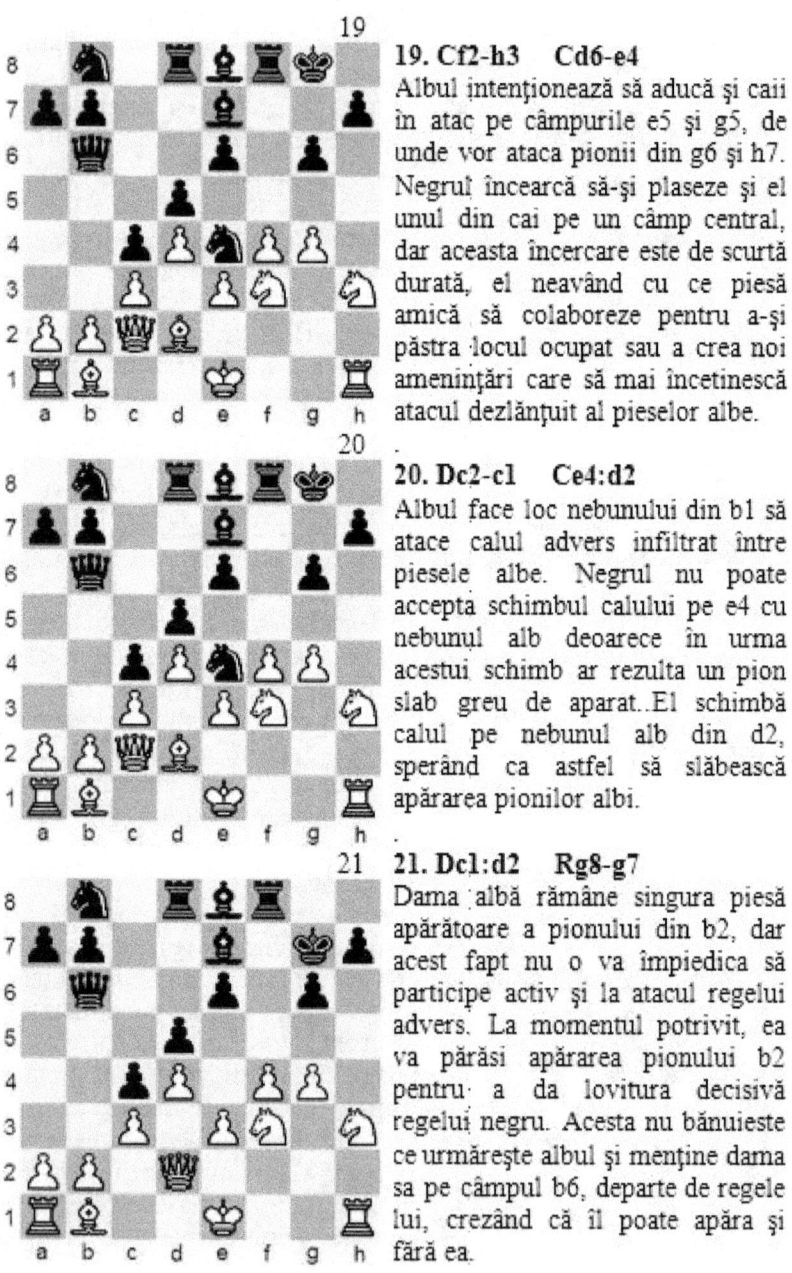

**19. Cf2-h3    Cd6-e4**

Albul intenționează să aducă și caii în atac pe câmpurile e5 și g5, de unde vor ataca pionii din g6 și h7. Negrul încearcă să-și plaseze și el unul din cai pe un câmp central, dar aceasta încercare este de scurtă durată, el neavând cu ce piesă amică să colaboreze pentru a-și păstra locul ocupat sau a crea noi amenințări care să mai încetinească atacul dezlănțuit al pieselor albe.

**20. Dc2-c1    Ce4:d2**

Albul face loc nebunului din b1 să atace calul advers infiltrat între piesele albe. Negrul nu poate accepta schimbul calului pe e4 cu nebunul alb deoarece în urma acestui schimb ar rezulta un pion slab greu de apărat..El schimbă calul pe nebunul alb din d2, sperând ca astfel să slăbească apărarea pionilor albi.

**21. Dc1:d2    Rg8-g7**

Dama albă rămâne singura piesă apărătoare a pionului din b2, dar acest fapt nu o va împiedica să participe activ și la atacul regelui advers. La momentul potrivit, ea va părăsi apărarea pionului b2 pentru a da lovitura decisivă regelui negru. Acesta nu bănuiește ce urmărește albul și menține dama sa pe câmpul b6, departe de regele lui, crezând că îl poate apăra și fără ea.

**22. Ch3-g5  Tf8-h8**
Albul începe asediul final asupra pionului slab h7 atacându-l și cu unul din cai. Dacă acest cal este luat de nebunul din e7, el va fi înlocuit de geamănul său din f3, astfel încât forța atacului albului nu scade. Negrul sare în apărarea pionului atacat cu singura apărare de care mai dispune, cea cu turnul din câmpul f8, dar albul îl poate ataca suplimentar.

**23. Dd2-h2  h7-h6**
Albul atacă pionul de pe câmpul h7 și cu dama. Negrul se apără mutând pionul atacat pe câmpul h6 care pentru moment este suficient apărat. Aceasta mutare slăbește însă câmpul din g6 vital pentru apărarea regelui negru, fapt ce va atrage apoi concentrarea atacului albului asupra acestui câmp, cucerirea și apoi folosirea lui în finalizarea ofensivei sale.

**24. Cf3-e5  Cb8-d7**
Albul începe imediat atacul pe câmpul g6, deja atacat de nebunul alb din câmpul b1 și care mai poate fi atacat și de dama albă din câmpul h2 care se poate muta pe câmpul c2. Negrul se mulțumește să atace cu calul din b8 calul alb din câmpul e5, hotărât să-l elimine la mutarea următoare pentru a slăbi atacul alb asupra câmpului din g6 pe care altfel nu-l mai poate apăra.

**25. Cg5-f3    Cd7:e5**

Albul apăra imediat calul atacat din câmpul e5 cu celalalt cal, astfel încât să-l înlocuiască dacă va fi luat, menținând așa atacul multiplu asupra câmpului g6 care poate să decidă partida în favoarea lui. Negrul este obligat să elimine calul alb din câmpul e5 și dacă el va fi înlocuit de către alb cu calul de rezervă, va încerca să-l elimine și pe acesta cu nebunul din e7.

**26. Cf3:e5    Ne7-d6**

Negrul dorește să elimine calul alb din e5 capabil să atace și de pe h4 câmpul g6. Totodată caută evident să câștige timp ca să poată activa și mobiliza piesele pentru apărare și restabilirea echilibrului de forțe în zona în care se dă bătălia finală. În plus, poziția fiind închisă, negrul ar priva albul de avantajul calului asupra nebunului negru oferit la schimb.

**27. Ce5-f3!    Ne8-f7**

Albul nu acceptă schimbul propus de negru și retrage temporar calul la f3 de unde poate ataca din nou campul g6, fie de pe câmpul e5, fie de pe câmpul h4. Nebunul negrului care urmărește să-l elimine nu va reuși să-l împiedice deoarece nu va putea avea sub control simultan aceste două câmpuri. Negrul vrea să împiedice deocamdată accesul calului alb pe câmpul h4.

**28. Dh2-c2    a7-a5**

Negrul apreciază ca nu va mai putea apăra câmpul g6 şi subestimează posibilitatile albului după cucerirea acestui câmp-cheie. El încearcă să contraatace pe celălalt flanc prin înaintarea pionilor sprijiniţi de damă, turnuri şi nebuni. Dar atacul violent al albului pe celălalt flanc nu va lăsa negrului timpul necesar pentru acest contraatac.

**29. Cf3-h4    g6-g5**

Negrul nu mai poate apăra câmpul g6 şi atunci „evacuează" pionul sau de pe acest câmp înaintându-l pe câmpul g5 unde pare ceva mai bine apărat. În urma acestei mutări însă albul posedă controlul asupra întregii diagonale b1-h7 de lângă regele advers, fapt ce îi conferă multiple posibilităţi de atac pe care le va folosi prompt în mutările următoare.

**30. Ch4-g6    g5:f4**

Cu această mutare albul începe să culeagă roadele planului său strategic de închidere a poziţiei încă de la început cu păstrarea cailor şi exploatarea lor spre final pentru lovitura decisivă. Neavând mutări mai bune, negrul se decide să schimbe turnul său din h8 pe calul din g6 şi doi pioni, sperând ca în acest fel să scape de presiune.

31. Cg6:h8 Td8:h8
32. g4-g5 h6-h5
33. Th1-f1 f4:e3

Albul mută turnul pe coloana „f" unde atacă pionul negru din f4. Văzând că acest pion nu mai poate fi apărat decât cu dama pe c7 și cu nebunul din d6 și că nici să-l înainteze în siguranță nu poate, negrul se decide să îl schimbe cu pionul din e3.

34. Re1-e2!! e6-e5

Această mutare cu cvadruplu caracter strategico-tactic și de apărare-atac efectuată de către alb decide partida. Înaintând pionul în centru la e5, negrul spera să deschidă în sfârșit jocul și să atace cu nebunii și cu dama regele alb rămas fără adăpost. Albul a ajuns însă la "momentul superiorității efective" (MSE - vezi cap. 4) pe care o valorifică tactic după cum urmează:

35. Tf1:f7!! Rg7:f7
36. Dc2-g6+ Rf7-f8
37. Nb1-c2!! (vezi diag. 33)

Din nou o mutare cu cvadruplu caracter a albului, mutare după care negrul nu mai poate evita matul: A mai urmat:

37. ... Db6:b2 (ce altceva?)
38. Ta1-f1+ Rf8-e7
39. Tf1-f7+ Re7-e8
40. Dg6-e6+ Re8-d8
41. De6-d7 mat

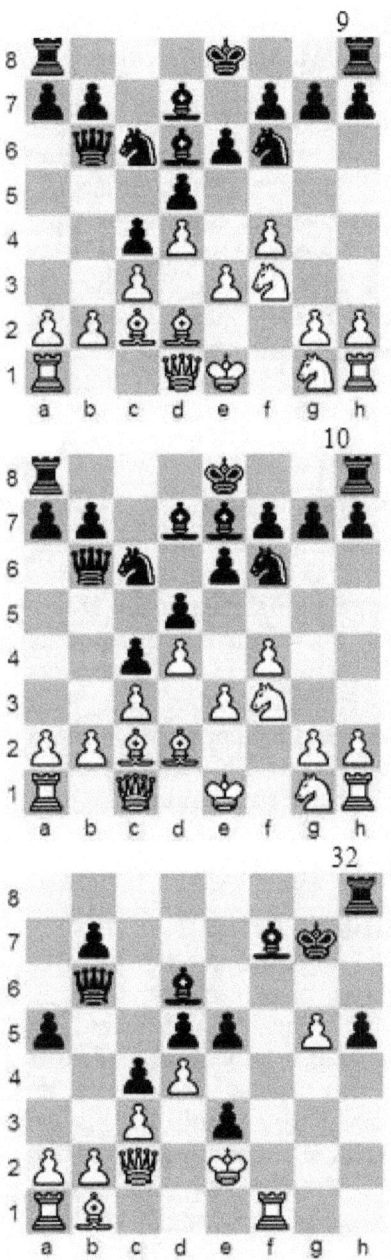

**Rezumat**

În diagrama alăturată, după nouă mutări poziția negrului pare mai bună căci el are numai trei piese pe linia de start și poate face imediat rocada în ambele flancuri, în timp ce albul are cu două piese mai mult pe linia de start. În realitate poziția albului este mult mai bună pentru că toate figurile lui sunt în spatele pionilor și pregătite pentru a ataca pe ambele flancuri, rod al unui plan strategic urmat consecvent ca și în mutarea următoare.

**10. Dd1-c1! Nd6-e7**
În timp ce mutarea albului are un scop în cadrul planului strategic și continuă realizarea lui, mutarea negrului este un pas înapoi, un tempo irosit ce denotă lipsa unui plan strategic. Negrul poate face rocada în ambele părți, dar ca de obicei așteaptă ca în jocul albului să apară o slăbiciune pe unul din flancuri ca să facă rocada pe celălalt și apoi s-o atace.

După 34 de mutări s-a ajuns la poziția din diagrama 32. Piesele negre sunt risipite pe tablă fără colaborări, pe când cele albe sunt toate focusate pe atac și începand cu mutarea **35. Tf1:f7!** se vor năpusti asupra regelui advers într-o avalanșă de mutări de neoprit până la mat. **O partidă instructivă ca joc eficace contra calculatorului.**

## Partida nr. 3

Alb: C. M. Negru: Calculator

**1. d2-d4  Cg8-f6**
Calculatorul nu are imaginaţie, nu poate concepe planuri strategice. El inventariază însă foarte rapid piese adverse ce pot fi atacate şi le atacă direct sau prin combinaţii de cateva mutări. Planul strategic al albului este ca prin mutari active, cu cvadruplu caracter (strategic-tactic şi atac-apărare) să închidă jocul şi să pregătescă atacul final.

**2. Ncl-g5  Cf6-e4**
Negrul nu joacă strategic-tactic, adică nu caută să găsească o apărare care să satisfacă în acelaşi timp şi necesitatea strategică în deschidere de a scoate la joc a altă piesă cu fiecare mutare, astfel încât pe termen lung poziţia sa să devină din ce în ce mai puternică, potrivit unui plan. El atacă simplu nebunul din g5 mutând cu calul a doua oară şi pierzând astfel un tempo.

**3. h2-h4!  Ce4:g5**
Albul alege mutarea care satisface cel mai bine planul strategic: ea aduce în joc încă două piese: un pion pe g5 şi turnul din h1. Dacă ar fi retras nebunul ar fi pierdut un tempo. Apărarea lui cu dama sau cu calul ar fi dus la acelaşi rezultat dupa 3. ... C:g5 si 4. ...h6 iar dacă l-ar fi apărat cu pinul f2 la f4 ar fi slăbit flancul regelui. Mutarea are caracterul cvadruplu dorit de alb.

**4. h4:g5   c7-c6**

Negrul "vede" pionul b2 neapărat și pregătește imediat atacul lui cu dama la b6, încercând astfel să împiedice și rocada mare a albului. Mutarea negrului dezvăluie clar metoda de joc aproape exclusiv tactică a calculatorului menționată anterior. Același tip de mutare de atac direct sau indirect la o piesă slabă adversă o întâlnim și la alte mutări ale negrului (nr.13, 20, 21)

**5. Cb1-d2   Dd8-b6**

Dama neagră atacă simultan pionii din b2 și d4, dar ieșirea damei la joc înainte de celelalte figuri nu este indicată ăn deschidere, căci singură nu poate crea probleme și amenintări grave adversarului În plus, ea va putea fi alugată pe tabla cu mutări de apărare-dezvoltare cu tempo care vor contribui la avansul in dezvoltare al poziției adverse .

**6. Cd2-b3   a7-a5**

Consecvent metodei sale de joc, negrul continuă indirect atacul asupra pionului din b2, amenintând să-i alunge apărătorul: calul din b3;: Albul se apără aducând în joc încă două piese: pionul a4 și turnul a1. Totodată el blochează temporar flancul damei împoriva deschiderii jocului dorit de negru pentru a-și pune în valoare abilitățile lui tactice si de calcul deosebite.

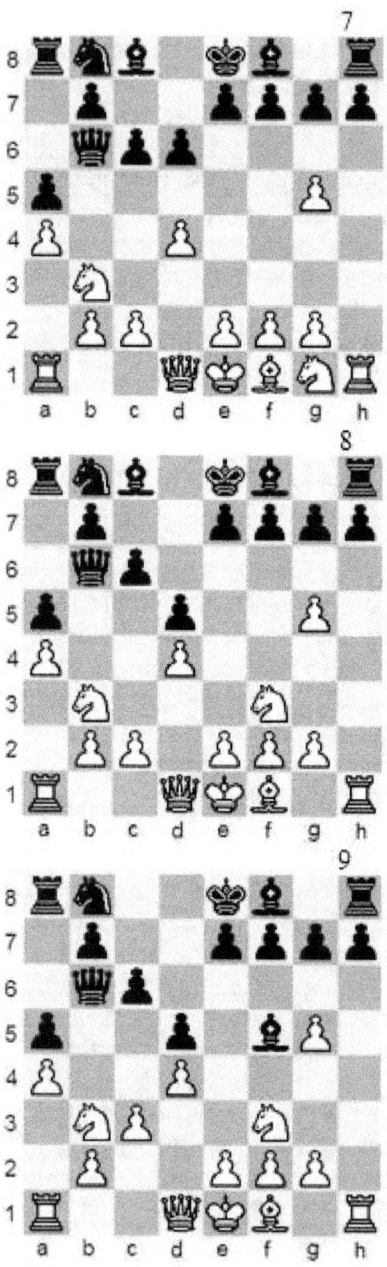

**7. a2-a4 d7-d6**

Albul blochează uşor înaintarea pionului negru pe cloana "a" respingând astfel atacul negrului pe flancul damei cu mutări ce nu încetinesc dezvoltarea pieselor sale pas cu pas, tempo cu tempo. cu fiecare mutare, conform planului. Negrul pregăteşte deschiderea jocului pe flancul damei cu înaintarea pionului său de pe coloana "c" la c5.

**8. Cg1-f3 d6-d5**

Albul aduce în joc o altă figură pe un câmp de pe care nu împiedică dezvoltarea armonioasă a celorlalte figuri, inclusiv actiunea turnului său pe coloana libera "h" şi începe exercitarea unei presiuni de durată pe flancul regelui. Negrul renunţă pentru moment la deschiderea jocului pe câmpul c5, cum am arătat, ceea ce dovedeste iar că joacă fără un plan strategic.

**9. c2-c3 Nc8-f5**

Albul pregăteşte aducerea damei pe câmpul c2 şi în colaborare cu turnul activ din h1 şi pionul din g5 ameninţă ca la momentul potrivit să captureze pionul din h7 sau, la înaintarea acestuia pe h6, să-l ia cu pionul din g5, slăbind mult flancul regelui advers. Negrul apără pionul atacat de pe câmpul h7 şi opreşte temporar accesul damei albe pe câmpul c2 cu atac pe h7.

**10. Cf3-h4  Nf5-g4**

Calul alb înaintează pe o poziție activă stabilă și mai aproape de regele advers, alungând totodată definitiv nebunul negru de pe diagonala b1-h7 pe care albul poate ataca și cu dama și cu nebunul. Pe g4 nebunul negru nu ocupă o poziție stabilă și după alungarea lui cu pionul la f3, albul câștigă încă un tempo în plus în dezvoltare.

**11. f2-f3  Ng4-d7**

Incursiunile izolate ale damei și nebunului nu au adus negrului nici un câștig și poziția lui a rămas în urmă cu dezvoltarea pieselor pe câmpuri active. Nebunul negru a ajuns după trei mutări pe o poziție pe care putea să o ocupe depă o singură mutare .Albul are avantaj de spațiu și-și poate continua liniștit dezvoltarea și pregătirea atacului începând cu mutarea Dc2.

**12. Dd1-c2  e7-e5!**

O mutare care dovedește maiestria calculatorului în a crea complicații în poziția adversarului pe care apoi el le poate folosi cum nu se poate mai bine. Negrul încearcă să deschidă jocul în centru chiar cu sacrificiul temporar al unui pion. Dacă albul acccceptă sacrificiul de pion pe e5, negrul își activează brusc dama pe câmpul e3 de unde atacă simultan pionii e5 si g5.

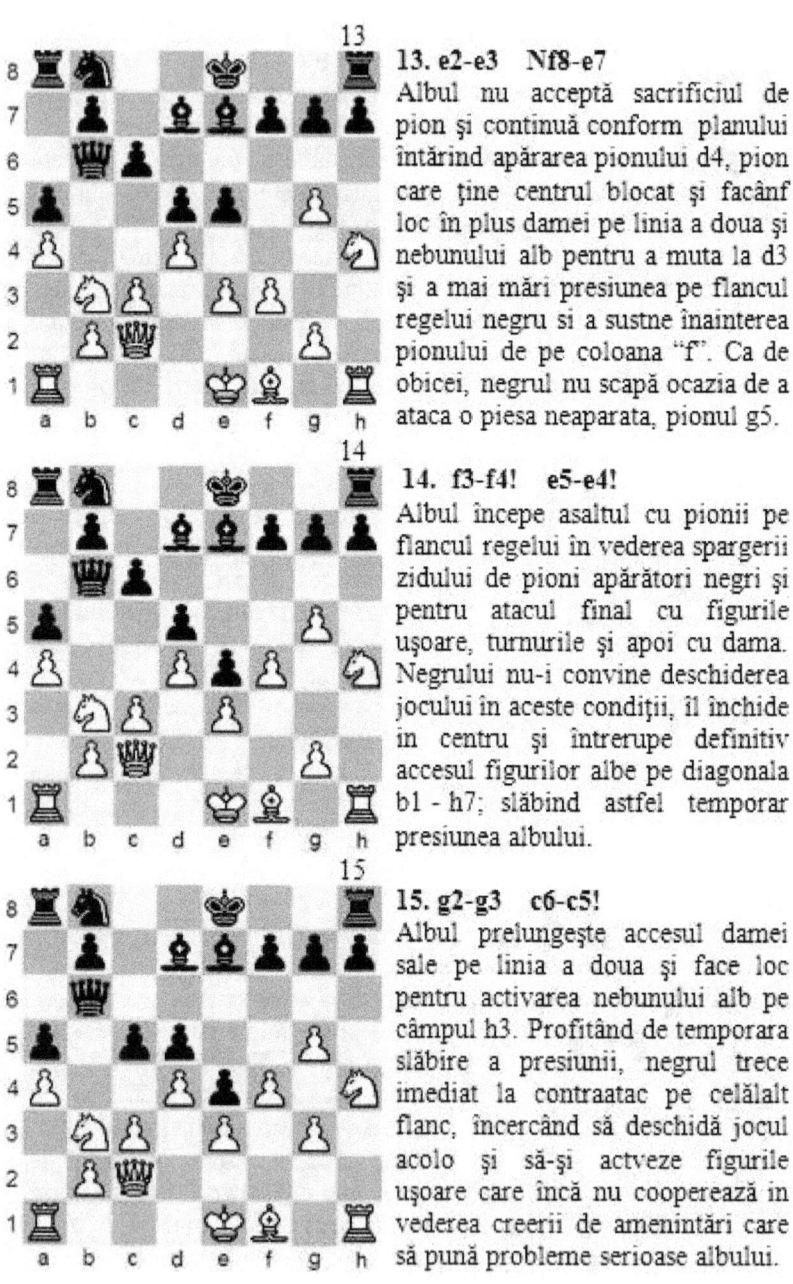

**13. e2-e3  Nf8-e7**

Albul nu acceptă sacrificiul de pion şi continuă conform planului întărind apărarea pionului d4, pion care ţine centrul blocat şi facânf loc în plus damei pe linia a doua şi nebunului alb pentru a muta la d3 şi a mai mări presiunea pe flancul regelui negru si a sustne înainterea pionului de pe coloana "f". Ca de obicei, negrul nu scapă ocazia de a ataca o piesa neaparata, pionul g5.

**14. f3-f4!  e5-e4!**

Albul începe asaltul cu pionii pe flancul regelui în vederea spargerii zidului de pioni apărători negri şi pentru atacul final cu figurile uşoare, turnurile şi apoi cu dama. Negrului nu-i convine deschiderea jocului în aceste condiţii, îl închide in centru şi întrerupe definitiv accesul figurilor albe pe diagonala b1 - h7; slăbind astfel temporar presiunea albului.

**15. g2-g3  c6-c5!**

Albul prelungeşte accesul damei sale pe linia a doua şi face loc pentru activarea nebunului alb pe câmpul h3. Profitând de temporara slăbire a presiunii, negrul trece imediat la contraatac pe celălalt flanc, încercând să deschidă jocul acolo şi să-şi actveze figurile uşoare care încă nu cooperează in vederea creerii de amenintări care să pună probleme serioase albului.

**16. d4:c5  Ne7:c5**

Albul nu mai poate evita schimbul de pioni pe câmpul c5 sau pe câmpul d4 cu deschiderea coloanei "c". În aceste condiții el alege schimbul pionilor pe câmpul c5 care eliberează câmpul d4 pe care poate aduce imediat calul atacat din b3. Așa centrul e încă blocat și de pe d4 calul poate intra în cooperare cu celelalte piese pentru atacul asupra regelui advers.

**17. Cb3-d4!  O-O**

Negrul se grăbește acum să aducă și turnul din h8 pe flancul damei unde a reușit să semideschidă o coloană și acum speră să găsească complicații tactice pentru a-și pune în valoare viteza și capacitatea de calcul mult superioare adversarului uman. Regel alb a rămas în centru, trei figuri albe sunt încă pe linia de start și s-ar părea că negrul a egalat situația sau chiar a obținut avantaj.

**18. Nf1-h3!  Nd7:h3**

Albul țintește acum spre câmpul c8 pe unde intră în joc turnurile negre. Din acest motiv negrul decide să-l schimbe imediat cu nebunul său din d7 care încă nu are colaborări promițătoare. Din punct de vedere strategic însă, acest schimb este favorabil albului căci permite înaintarea cu tempo a turnului și eliberarea câmpului h1 pentru aducerea acolo a celuilalt turn.

**19**

**!9. Th1:h3    Nc5:d4**
Negrul constată că după dispariția nebunului său de câmpuri albe câmpul f5 a rămas fără apărare si că pe acolo calul din d4 poate participa la atacul pregatit de alb, așa că decide să schimbe nebunul din c5 pe acest cal periculos înainte ca el să se reamplaseze fie pe câmpul f5, fie pe câmpul e2 de unde prin g3 poate ajunge de asemenea la f5 sau la h5.

**20**

**20. e3:d4    Db6-e6**
Albul ia nebunul negru din d4 cu pionul din e3, mentinand coloana "c" semînchisă de către pionul din c3. Ca de obicei, negrul atacă imediat o piesă adversă aflată pe un câmp neaparat: turnul din h3. Acest atac nu face însă altceva decât să prilejuiască albului o mutare cu tempo prin care crează o falangă deosebit de agresivă de pioni pe câmpurile f5 şi g5.

**21**

**21. f4-f5    De6-e7**
O mutare a negrului asemănătoare cu cea anterioară. Atacul asupra pionului din g5 este uşor de parat cu o mutare activă a albului. Acesta apără pionul atacat mutând dama pe un câmp de pe care poate participa mai usor la atac: pe câmpul c1. Albul nu mută dama la d2 căci apoi negrul ar muta 22....e3! si albul ar pierde pionul g5 şi atacul său ar slăbi.

**22. Dc2-c1!   Cb8-d7**
Pe traseul c8-d7-b6 negrul vrea să plaseze calul său pe câmpul c4. De acolo el vrea fie să atace pionul b2 ce stă la baza lanțului de pioni albi care blochează jocul pe flancul damei, fie să mute pe d6 pentru a participa la apărare. El se așteaptă ca albul să facă rocada mare, cea mică nemaifiind posibilă. Regele alb se simte însă mai în siguranță în spatele centrului blocat.

**23. Dc1-d3!   Tf8-c8**
O mutare strategică prin care albul blochează definitiv centrul și eliberează prima linie pentru a aduce turnul din a1 în joc pe flancul regelui, unde se va decide soarta partidei. Negrul vrea să aducă turnul din f8 prin câmpul c8 pe câmpul b6 de unde să atace piomul din b2 rămas fără apărare și să participe la apărarea regelui negru pe linia a sasea.

**24. g3-g4   Cd7-b6**
Negrul amenință să atace cu tempo simultan două piese ale albului: dama din e3 și pionul din b2. Acum albul poate să se apere mutând 25. b3. și să creeze astfel o nouă slăbiciune pe câmpul b3, căci deocamdată, încă cel puțin câțiva tempo, nu va putea ajunge o piesă adversă să o atace și în acest timp atacul său va lovi decisiv.

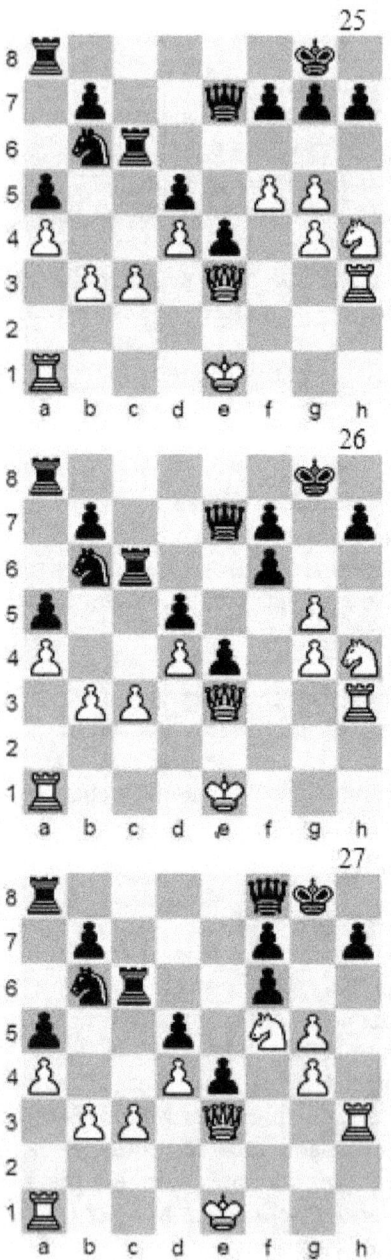

**25. b2-b3 Tc8-c6**
Negrul aduce turnul pe linia a șasea pentru a contribui la apărarea regelui său împreună cu mutarea calului înapoi pe câmpul d7. Prea târziu! Piesele albe, într-o perfectă colaborare, au ajuns la momentul crucial al partidei, momentul superiorității efective (MSE – vezi Cap. 4) și sunt gata să lovească decisiv printr-o combinație care să destrame apărarea negrului.

**26. f5-f6!! g7:f6**
Albul sacrifică prin surprindere un pion pentru spargerea lanțului de pioni care mai apără încă regele advers și a pemite apoi asaltul tuturor pieselor mobilizate pentru aceasta în zonă și ulterior și al turnului de pe câmpul a1 asupra regelui negru insuficient apărat. Cu mutările forțate ce urmează, negrul nu mai poate menține echilibrul material și pozițional.

**27. Ch4-f5! De7-f8.**
Albul face o mutare cu tempo foarte importantă în continuarea cu succes a atacului deschizând la timp coloana "h" pentru cele două turnuri ale albului și permițând peste încă două mutări forțate ale negrului un atac dublu pe e7 care aduce albului avantaj material și pozițional decisiv. Negrul e obligat să își retragă dama pe f8 ca să pareze mutarea iminentă Df6.

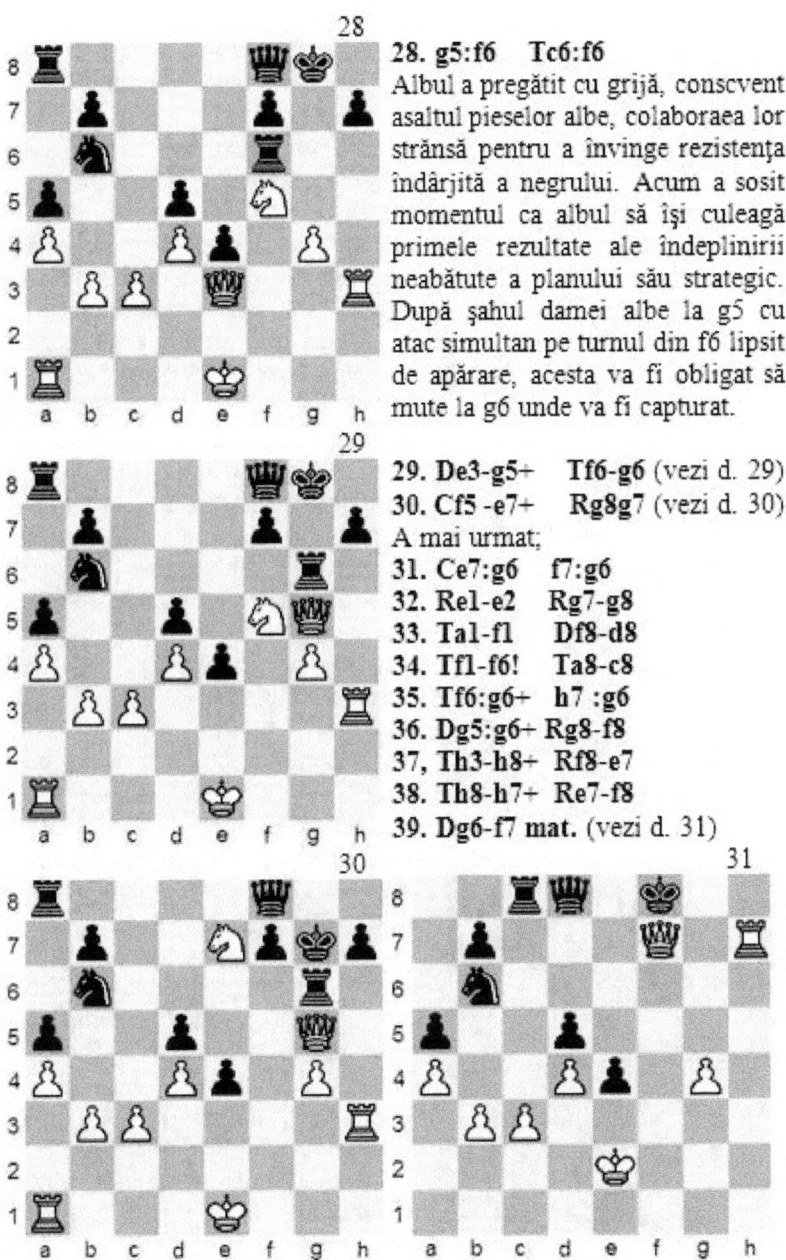

**28. g5:f6   Tc6:f6**

Albul a pregătit cu grijă, consecvent asaltul pieselor albe, colaboraea lor strânsă pentru a învinge rezistența îndârjită a negrului. Acum a sosit momentul ca albul să își culeagă primele rezultate ale îndeplinirii neabătute a planului său strategic. După șahul damei albe la g5 cu atac simultan pe turnul din f6 lipsit de apărare, acesta va fi obligat să mute la g6 unde va fi capturat.

**29. De3-g5+   Tf6-g6** (vezi d. 29)
**30. Cf5-e7+   Rg8g7** (vezi d. 30)

A mai urmat:

**31. Ce7:g6   f7:g6**
**32. Re1-e2   Rg7-g8**
**33. Ta1-f1   Df8-d8**
**34. Tf1-f6!   Ta8-c8**
**35. Tf6:g6+  h7:g6**
**36. Dg5:g6+ Rg8-f8**
**37. Th3-h8+ Rf8-e7**
**38. Th8-h7+ Re7-f8**
**39. Dg6-f7 mat.** (vezi d. 31)

## Partida nr. 4

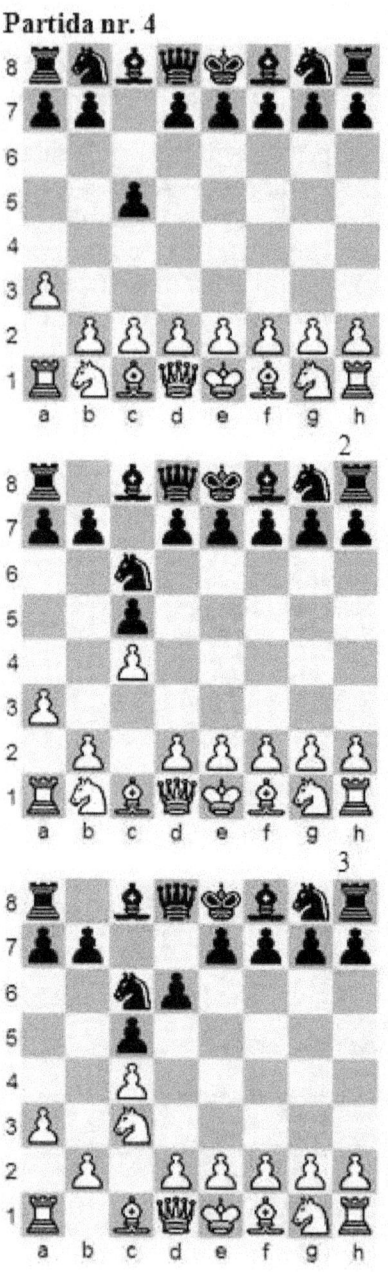

**Alb: C. M. Negru: Calculator**
**1. a2-a3 c7-c5**
Avantajul principal al omului față de mașina de calcul este practic infinita lui imaginație. El poate imagina și aplica mereu noi planuri strategice de șah, capabile să surprindă și să scadă forța de joc a mașinii, care e dotată cu un număr limitat de programe, și acelea create mai mult pentru a soluționa probleme tactice decât strategice. La prima vedere s-ar părea ca mutarea albului 1. a3 este doar o inutilă pierdere de tempo. În realitate ea e destinată să surprindă negrul și în consecință „să-l scoată din teorie" cum spun șahiștii. Totodată, așa cum se va vedea mai târziu, această mutare aparent inactivă se încadrează clar în planul albului.
**2. c2-c4 Cb8-c6**
Albul permite activarea damei pe câmpurile c2 și b3, unde nu impiedică ieșirea în joc a calului, nebunului și a turnului dupa rocada mare. Negrul inventariază rapid slăbiciunile existente sau anticipate în poziția inamică și le atacă prompt. La mutarea nebunului din c1, el se pregătește din timp să atace pionul alb din b2 aducând dama pe campul b6.
**3. Cb1-c3 d7-d6**
Se observă că ultimele două mutări ale albului sunt "în oglindă" față de mutările anterioare adverse, ceea ce dezvăluie strategia lui.

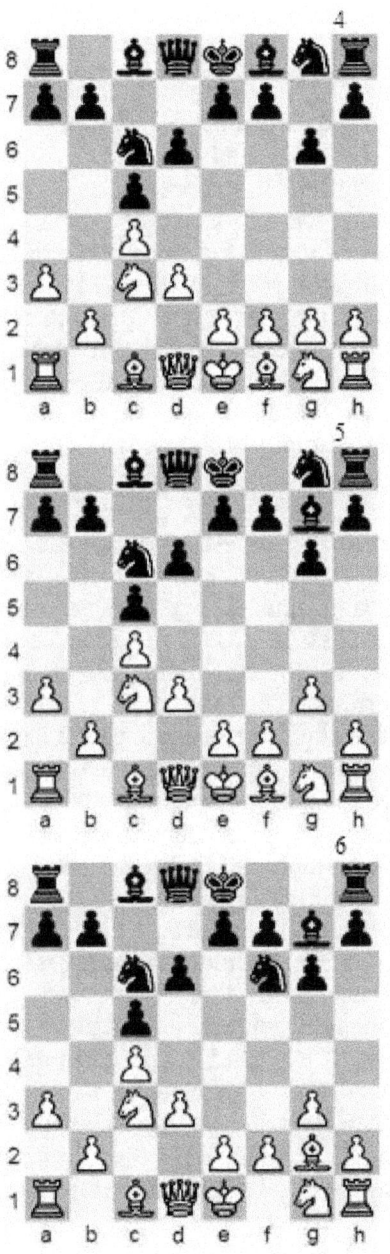

**4. d2-d3 g7-g6**
Planul strategic al albului e simplu: va muta "în oglindă" atâta timp cât va fi posibil, mizând pe jocul fără slăbiciuni și greșeli tactice specific negrului și așteptând momentul în care se va ajunge într-o poziție ce poate fi exploatată din punct de vedere strategic. Atunci albul va elabora rapid un plan strategic nou și va trece la implementarea lui.

**5. g2-g3 Nf8-g7**
Negrul a jucat până acum perfect atât din punct de vedere tactic, cât și din punct de vedere logistic și strategic. Toate figurile lui sunt în spatele pionilor și doar cu excepția turnurilor, ele pot ieși la mutarea următoare în joc pe câmpuri cât se poate de promițătoare pentru un joc activ în continuare. Aceleași aspecte pozitive însă le vedem și în poziția albului.

**6. Nf1-g2 Cg8-f6**
Negrul pregătește rocada mică. Până acum albul nu a detectat în poziția adversă nici o inexactitate sau greșeală strategică ce ar putea fi exploatată în favoarea lui, așa că joacă în oglindă în continuare, analizând însă din ce în ce mai atent și mai detaliat poziția întrucât pe măsură ce jocul se complică posibilitatea unei erori strategice a negrului crește.

7. Cg1-f3     O-O
8. O-O        Nc8-g4
9. Nc1-g5     Dd8-d7
10. Dd1-d2    Ng4-h3
11. Ng5-h6    Cc6-d4

După această serie de mutări relativ liniştite, s-a ajuns la poziţia din diagrama nr. 11. Negrul are în sfârşit un plan tactic prin care urmăreşte să deschidă repede jocul atacând violent în centru cu pionii de pe coloanele "c", "d" si "e" bine susţinuţi din spate de figuri. Din punct de vedere tactic, deci pe termen scurt, planul pare a fi bun şi realizabil dacă albul nu va putea găsi o posibilitate de închidere la loc a jocului. Din păcate pentru negru, exista o astfel de variantă şi albul o va folosi. Ultima mutare a negrului mai pacătuieşte şi din punct de vedere strategic pentru că pe flancul damei lasă numai doi pioni să înfrunte trei pioni adverşi, ceea ce ar putea duce la crearea unui pion liber alb foarte periculos.

**12. Cf3:d4!!   c5:d4**

Deschiderea jocului in centru pare inevitabilă, dar albul ar putea reuşi să închidă jocul din nou şi apoi să caute să exploateze majoritatea de pioni ce se va fi creat pe flancul damei. Următoarea uccesiune de mutări în acest sens este foarte instructivă d.p.d.v. strategic şi tactic şi va duce la preluarea iniţiativei de către alb şi la victorie.

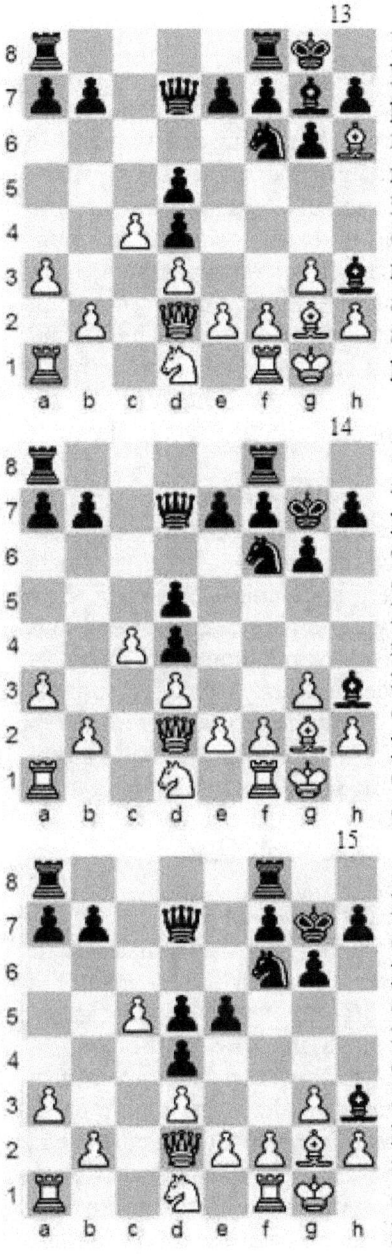

**13. Cc3-d1!  d6-d5**
Negrul oferă un schimb de pioni pe câmpul d5. Acest schimb ar fi favorabil evident numai planului negrului, căci s-ar deschide jocul în centru și s-ar permite ocuparea câmpului d5 de către o figură neagră, mărindu-i acesteia raza de acțiune și periculozitatea. În plus, ar duce la eliminarea unuia dintre pionii dublați pe coloana „d".

**14. Nh6:g7  Rg8:g7**
Albul face clar o mutare strategică prin care elimină din joc o figură din apărarea regelui negru și a câmpurilor negre din preajma lui. Pentru aceasta el „consumă" din rezerva de piese proprii una care nu se vede cum ar putea fi folosită curând în aplicarea planului său. În plus, el eliberează dama de sarcina de a apăra nebunul din h6 și o activează pe flancul damei.

**15. c4-c5!  e7-e5**
Din nou o mutare strategică a albului, deosebit de importantă pentru soarta partidei. Așa cum am arătat și în comentariul la mutarea nr 13, schimbul pionilor pe câmpul d5 nu e favorabil decât negrului și albul îl respinge. El înaintează pionul pe coloana "c" pe care acesta poate fi susținut din spate, creîndu-și astfel o majoritate de pioni pe flancul damei.

**16. b2-b4    Ta8-e8**

Majoritatea de pioni albi se pune amenințător în mișcare și negrul se pregătește să contraatace în centru pe câmpul e4, unde vrea să ofere din nou un schimb de pioni favorabil lui din aproape aceleași motive ca în cazul schimbului oferit tot de el anterior pe câmpul d5 și refuzat de alb. Daca albul ar accepta schimbul, negrul și-ar crea o falagă de pioni activă pe d4 si e4.

**17. e2-e3!    Nh3:g2**

Din nou o mutare strategică foarte necesară planului albului, efectuată exact la momentul potrivit. Este singura mutare ce mai poate bloca înaintarea pionilor negri în centru și deschiderea jocului. Falanga de pioni albi de pe campurile d3 si e3 este o bariera de netrecut, atacul negru se va bloca și albul va ataca decisiv forțând înaintarea pionilor săi de pe flacul damei.

**18. Rg1:g2    d4:e3**

Negrul nu are alceva mai bun de făcut. Înaintarea 18...e4 ar duce la pierderea pionului de pe câmpul d4 după mutările 19.d:e d:e 20. e:d...fără nici o compensație pentru această pierdere. Dar nici mutarea jucată de negru nu-l va putea ajuta dacă albul va fi consecvent și va alege mutarea corectă dintre cele trei mutări de apărare disponibile.

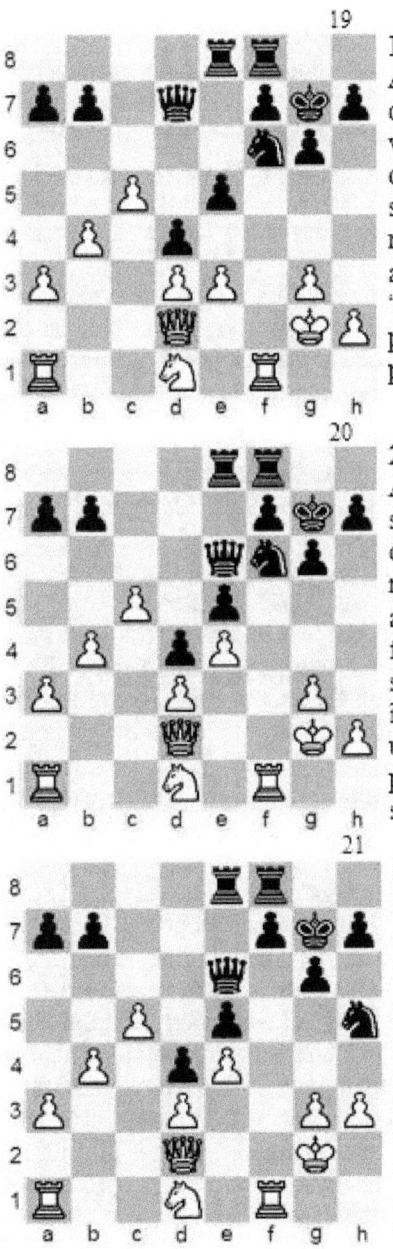

**19. f2:e3!  d5-d4**

Albul alege singura continuare corectă a jocului său din punct de vedere strategic: refacerea falangei de pioni pe câmpurile d3 şi e3, stavilă de netrecut în calea pionilor negri centrali atacanţi. În plus, albul deschide el jocul pe coloana "f" pe care dublându-si turmurile poate crea o presiune promiţătoare pe flancul regelui.

**20. e3-e4!  Dd7-e6**

Albul refuză şi de data acessta un schimb de pioni oferit de negru şi cert favorabil numai acestuia. Cu mutarea efectuată, albul închide acum definitv centrul ca să poată fructifica uşor înaintarea pionilor săi pe flancul damei şi să obţină în final victoria prin transformarea unuia în regină. Negrul încearcă să pătrundă cu dama pe câmpul b3 ca să întârzie înaintarea pionilor albi.

**21. h2-h3!  Cf6-h5**

Albul poate respinge atacul damei negre ajunsă pe câmpul b3 (fără să schimbe damele) aducând calul său prin b2 la c4 şi apoi alungând dama neagră cu unul dintre turnuri. Pentru aceasta însă este necesar ca mai întâi să nu perimită pătruderea calului negru prin g4 la e3 combinată cu înaintarea pionului negru pe coloana "f" ce ar aduce unele complicaţii pentru alb.

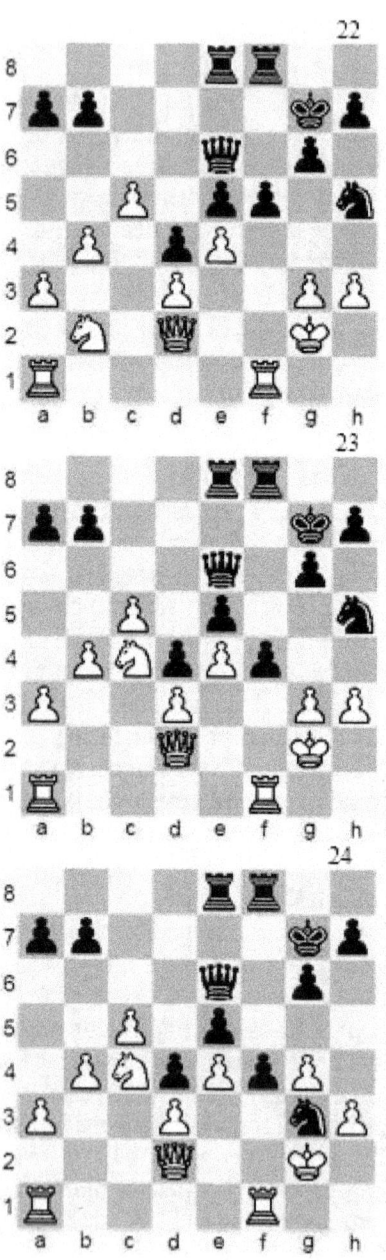

**22. Cd1-b2   f7-f5**

Albul doreşte să-şi maximizeze aportul calului saă la atacul pe flancul damei, acolo unde planul strategic propriu urmăreşte să dea bătălia finală pentru victorie. Negrul apreciază corect că singura lui salvare mai poate veni doar după un atac reuşit pe flancul regelui, unde poziţia albului pare slăbită după dispariţia pionului său de pe câmpul f2.

**23. Cb2-c4   f5-f4**

De data aceasta negrul e cel care refuză schimbul de pioni pe câmpul e4 apreciind corect că nu ar slăbi suficient apărarea regelui alb şi după 23...f:e 24. d:e şi 25.Cd3! centrul rămâne blocat iar atacul negru apare fără perspective clare de dezvoltare şi complicaţii reale pentru alb. Mutarea jucată pare ceva mai bună pentru că permite 24...Cg3 cu activarea aparenta a calului negru.

**24. g3-g4!   Ch5-g3**

Negrul şi-a atins scopul, calul lui a pătruns în lagărul advers şi pare că a ajuns la maximum de putere. În realitate el s-a izolat complet de locul unde se va da bătălia finală, flancul damei, loc către care nu mai are nici o posibilitate de a se alătura apărării în faţa marşului victorios al pionilor albi spre linia a opta.

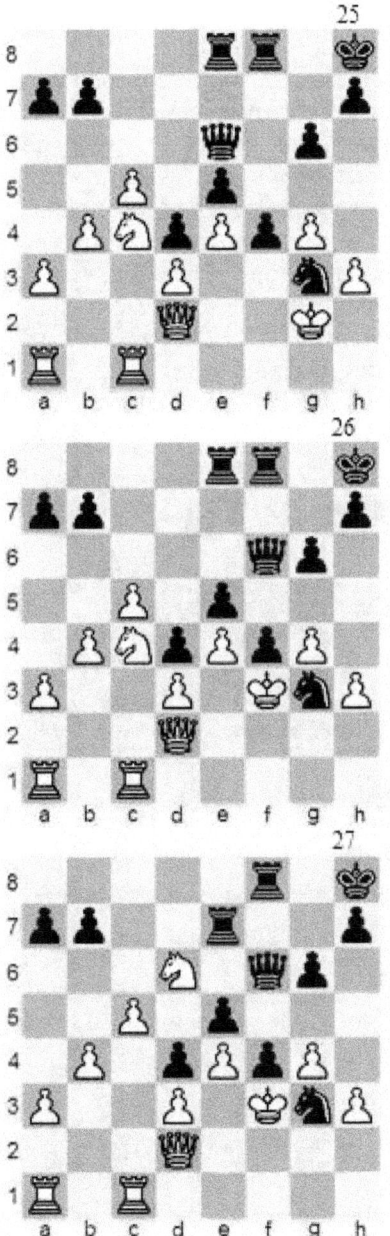

**25. Tf1-c1  Rg7-h8**

Pe tempo folosit de negru pentru a aduce calul propriu pe câmpul g3, unde nu are colaborări cu alte piese pentru a produce ameninţări demne de luat în seamă, albul plasează turnul din f1 pe coloana "c" pe care va susţine înaintarea pionului din c5 spre linia a opta, de transformare. Regele negru se retrage pentru a lăsa mai mult spaţiu turnurilor pe linia a şaptea pentru apărare pe ambele flancuri..

**26. Rg2-f3!  De6-f6**

Regele alb participă el însuşi la apărarea sa blocând fizic înaintarea pionului liber advers de pe coloana 'f'. Mai mult, el foloseşte acest pion ca şi când ar fi un pion alb. Avem aici un exemplu practic instructiv de folosire a unor piese adverse în planul propriu: acest pion negru şi calul din g3, care e izolat şi "luat prizonier" pentru a priva adversarul de aportul lui.

**27. Cc4-d6  Te8-e7**

Calul alb atacă pionii adverşi.. Pe flancul damei albul are mojoritate de pioni şi de figuri. El are patru piese în atac, pe când negrul are numai trei, aşa că joacă practic cu un cal în plus, avantaj ce trebuie să-i aducă repede victoria. Acesta e momentul superiorităţii efective (MSE – vezi Cap. 4) a albului.

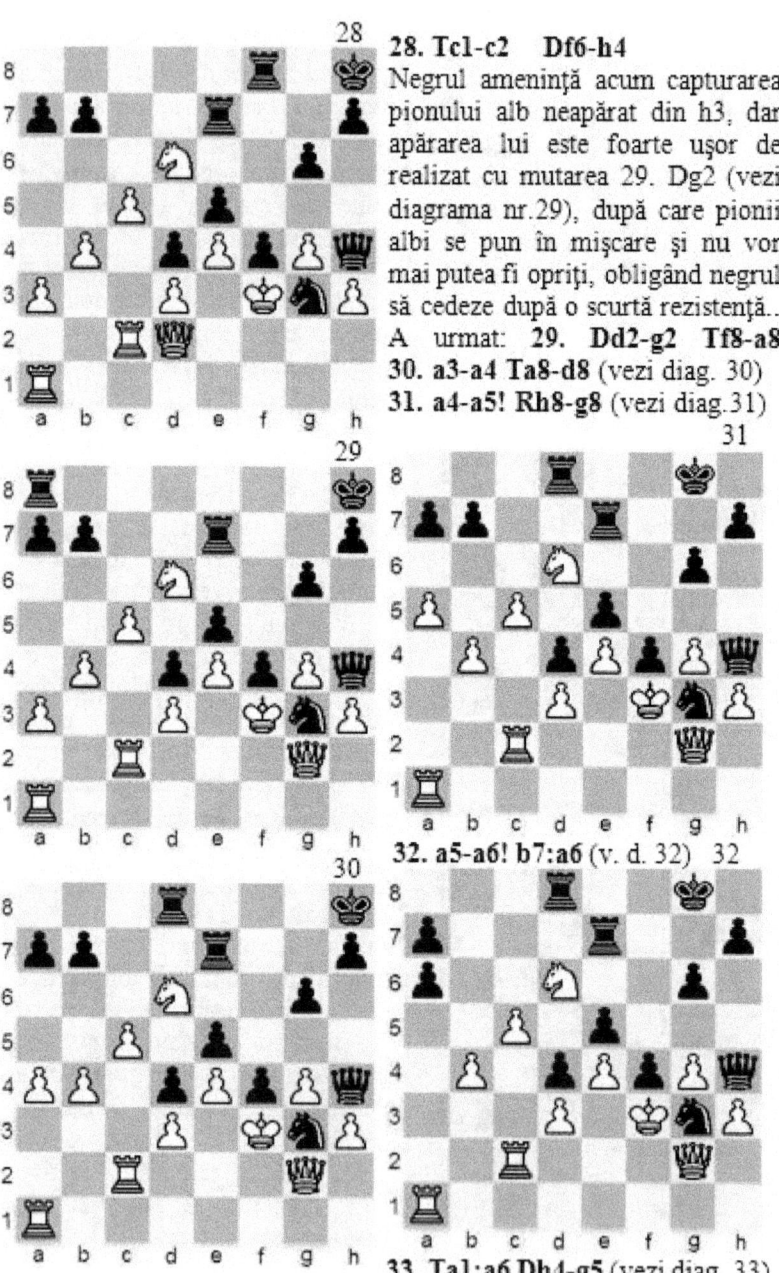

**28. Tc1-c2 Df6-h4**
Negrul ameninţă acum capturarea pionului alb neapărat din h3, dar apărarea lui este foarte uşor de realizat cu mutarea 29. Dg2 (vezi diagrama nr.29), după care pionii albi se pun în mişcare şi nu vor mai putea fi opriţi, obligând negrul să cedeze după o scurtă rezistenţă..
A urmat: **29. Dd2-g2 Tf8-a8 30. a3-a4 Ta8-d8** (vezi diag. 30) **31. a4-a5! Rh8-g8** (vezi diag.31)
**32. a5-a6! b7:a6** (v. d. 32)
**33. Ta1:a6 Dh4-g5** (vezi diag. 33)

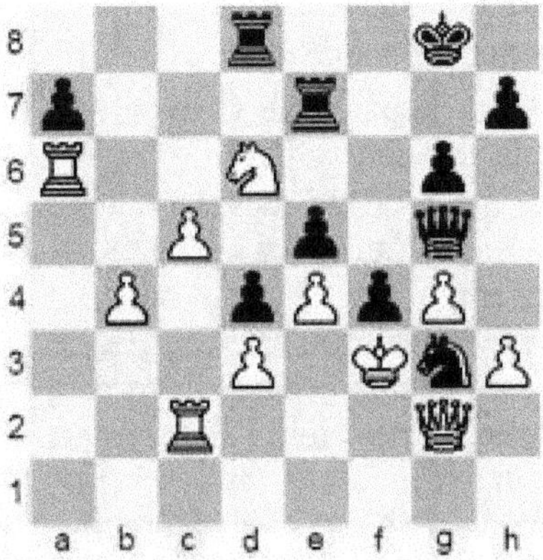

**34. Tc2-a2 Td8-d7** (vezi dizg. 34)

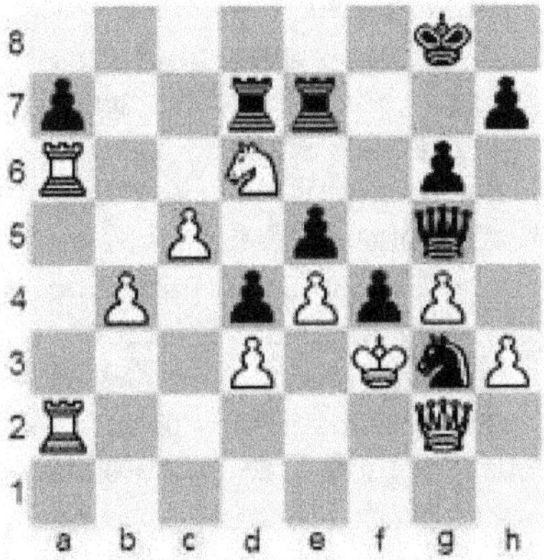

**35. Cd6-c8 Te7-f7** (vezi diag. 35)

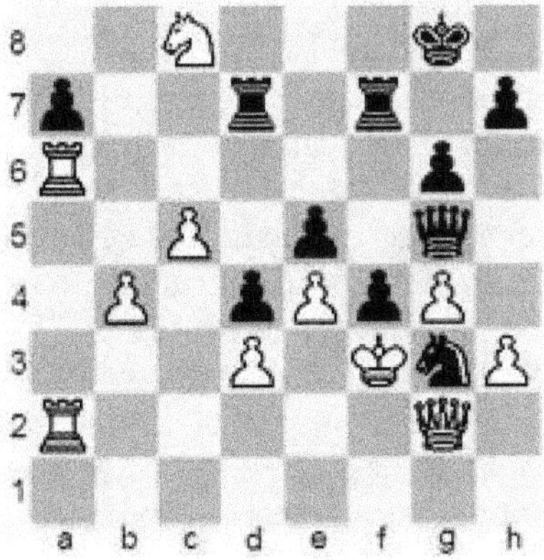

**36. Cc8:a7** și albul câștigă.
Înaintarea pionilor liberi legați pe coloanele "b" și "c" nu mai poate fi oprită (vezi diag. 36)

### Rezumat

O partidă instructivă, pe muchie de cuțit, în care victoria albului a fost rezultatul aplicării consecvente și fără greșeală a unui plan strategic bun. Albul a început partida cu o mutare neobișnuită, care a scos din teorie computerul și l-a invitat să intre într-o luptă "dreaptă" de idei, anulându-i în mare măsură marele lui avantaj, acela de a juca din start pe variante memorate în prealabil.

Apoi albul a închis jocul anulând astfel și celălalt mare avantaj al calculatorului: extraordinara lui capacitate de a realiza combinații câștigătoare în poziții deschise. În această situație, la mutarea nr. 11 (vezi diagrama nr. 11), încercând să deschidă jocul, negrul a comis o mică inexactitate din punct de vedere strategic pe care albul a exploatat-o cu precizie.

## CONSTANTIN MIHĂESCU

Partida nr. 5          Alb: C. M. Negru: Calculator

**1. f2-f4!    d7-d5**

Am văzut în partidele anterioare că în planul său albul de regulă urmărește chiar de la prima mutare închiderea rapidă a jocului și întârzierea pe toate căile a activării pieselor negre. O astfel de cale este atenția deosebită acordată schimbului de pioni și de figuri care trebuie oferit sau acceptat numai dacă ne este clar favorabil.

**2. d2-d4!    e7-e6**

Albul blochează pentru mult timp deschiderea jocului de către negru prin mutarea e6-e5, iar la incercarea negrului de a deschide jocul cu mutarea c7-c5, albul va accepta schimbul de pioni pe câmpul d4, dar după mutarea negrului c5:d4 va avea pregătită înlocuirea imediata a pionului schimbat cu pionul de pe coloana „e" menținând blocajul pe timp îndelungat pe campul e5.

**3. c2-c3    c7-c5**

Partidele de șah se câștigă de regulă pregătind încă de la prima mutare un atac decisiv pe unul dintre flancuri, în baza unui plan strategic stabilit în amănunt în prealabil. Mutarea albului supra-apără pionul alb din d4 și totodată face loc damei pe câmpul c2 unde nu împiedică ieșirea rapidă în joc a figurilor și rocada mare și de unde va ataca flancul regelui negru.

**4. e2-e3! Cb8-d7**

Albul face cu precizie singura mutare ce corespunde planului lui strategic. Negrul se pregăteşte ca în eventualitatea în care albul ar lua pionul "otrăvit" din c5, în locul acestuia să intre în joc pe o poziţie ideală calul adus acum pe câmpul d7. Albul refuză corect schimbul de pioni oferit de negru şi îşi continuă aşezarea pieselor conform planului prestabilit.

**5. Nf1-d3! c5-c4**

Cunoscând preferinţa negrului de a ataca imediat orice piesă adversă, albul face o mutare şireată ce invită pionul negru de pe c4 să înainteze ca să atace nebunul alb adus pe d3 ca "momeală". Negrul cade în cursa strategică întinsă de alb şi închide el însuşi jocul şi pe flancul damei, el neştiind desigur că tocmai acolo urmăreşte albul să-şi pună regele la adăpost.

**6. Nd3-c2 Cg8-f6**

Pe tempo cheltuit de negru pentru a-l ataca, nebunul alb se retrage pe un câmp unde rămâne în atac pe flancul regelui pe diagonala b1-h7. La prima vedere, poziţia negrului pare de preferat, el având două figuri scoase în joc faţă de numai una a albului. În realitate, poziţia albului este potenţial mult mai bine pregătită pentru un atac rapid.

Până la poziția din diagrama nr. 13 s-au mai efectuat următoarele noi mutări: 7. Cb1-d2 Nf8-d6 8. Cd2-f3! Dd8-e7 9. Cg1-h3! b7-b6 10. Ch3-f2! Nc8-b7 11. Dd1-e2 h7-h6 12. Nc1-d2 O-O 13. O-O-O Ta8-d8. Albul a terminat așezarea pieselor pentru o participare activă rapidă la atacul pionilor săi asupra regelui advers care nesesizând pericolul a făcut rocada mică.

**14. g2-g4! Cf6-e4**
Pionii albi încep deja atacul, bine apărați și susținuți din spate de toate figurile. Negrul sesizează acum că albul poate mobiliza în atac mai multe figuri decât poate el aduce în apărare și decide să dea calul de pe câmpul f6 pe una dintre figurile ușoare albe pentru a mai micșora presiunea acestora pe flancul regelui.

**15. Td1-g1! Ce4:f2**
Albul nu acceptă schimbul pe e4 pentru că după schimb el ar trebui să-și retragă calul de pe un câmp ideal de plecare în atac pe un câmp de retragere care să stânjenească mult timp participarea celorlalte figuri ale lui la atac. El continuă mobilizarea pieselor în atac și oferă un schimb de figuri pe d2 unde se află un nebun inactiv sau pe f2 unde negrul ar aduce dama albă pe un câmp mai bun pt. atac.

**16. De2:f2  Nc8-e6**
Anticipând tardiv forţa deosebită a atacului albului pe flancul regelui, negrul se grăbeşte să aducă nebunul inactiv de câmpuri albe pe singurul câmp de unde prin câmpul e8 va putea participa şi el la apărarea regelui. Pentru aceaasta manevră însă negrul va trebui să mai piardă doi tempo: unul pentru a-i elibera nebunului drumul prin mutarea calului din d7 şi unul pentru mutarea de apărare.Nc6-e8.

**17. g4-g5!  h6-h5**
Albul oferă un schimb de pioni favorabil numai lui pe câmpul g5. Daca negrul îl acceptă, el deschide fatal coloana „g" pentru turnurile albe după mutările 17... h6:g5 18. Tg1:g5. În această situaţie negrul decide corect să refuze schimbul şi înaintează pionul de pe câmpul h6 pe câmpul h5 care nu este atacat, sperând ca la mutarea următoare să-l apere mutând 18... g7-g6.

**18. g5-g6!  Cd7-f6**
Ocupând la timp câmpul g6, albul împiedică mutarea bună de apărare 18...g7-g6 a negrului care ar fi blocat temporar atacul său. Acum, dacă negrul refuză schimbul favorabil albului pe câmpul g6. pionul negru din h5 devine o pradă uşoară pentru alb, nenaiputând fi apărat suficient.

**19. Df2-h4! f7:g6**

Albul atacă pionul de pe h5 mai întâi cu dama, ca să împiedice deplasarea calului apărator pe campul central e4 și luarea sub control cu dama neagră a câmpului h5, și apoi cu nebunul de câmpuri albe din c2. Negrul acceptă schimbul pe g6 și apără cu dama câmpul g7, ținta atacului albului.

**20. Tg1:g6 Nd7-e8**

Nebunul negru din e8 reușește pentru moment să împiedice pierderea pionului din h5, pierdere care însă este inevitabilă având în vedere că în timp ce apărătorii acestuia pot fi în număr de maximum doi (dama neagră nu poate să-l apere și ea întrucât e obligată să apere mai întâi pionul g7) pe când atacatorii disponibili sunt în număr de trei: dama, turnul și nebunul.

**21. Tg6-g2 Rg8-h8**

Albul pregătește acum dublarea turnurilor pe coloana "g", fapt ce obligă pe negru să elibereze câmpul g8 pentru a aduce acolo turnul din f8 ca să apere și el pionul puternic atacat din g7, cheia apărării regelui negru. Albul însă are posibilitatea de a mări presiunea asupra pionilor h5 și g7 simultan, până când negrul nu va mai putea să-i apere pe amândoi.

**22. Dh4-h3! Ta8-b8**

Dama albă continuă să atace pionul h5 dar se retrage un pas pentru a face loc trecerii calului prin campul eliberat spre g6 unde va forţa schimbul lui pe unul din apărători, nebunul negru din e8. Ajuns pe câmpul g6, calul albului va întrerupe apărarea pionului din h5 de către nebun şi va permite nebunului din c2 să-l atace si el.

**23. Cf3-h4 Cf6-e4**

Negrul intenţionează să schimbe calul său pe nebunul alb din d2 care ameninţă să participe şi el la atac în mutările imediat următoare. Totodată oferă un schimb favorabil numai lui pe câmpul e4, schimb care ar duce la eliminarea unuia dintre atacatorii pionului slab din h5, nebunul alb din c2. În plus, negrul eliberează câmpurile f6 şi f5 pentru turnul din f8.

**24. Nd2-e1! Tf8-f6**

De pe câmpul e4 calul negru nu mai apără pionul negru slab şi izolat din h5 şi nici nu ameninţă imediat ceva, aşa că albul are tot interesul să-l lase acolo unde se află şi totodată să păstreze şi ambii nebuni. În consecinţă albul refuză schimbul acestui cal pe nebunul din d2 şi-l mută pe acesta la e1 de unde apăra câmpurile controlate de calul negru şi poate ataca pe h4.

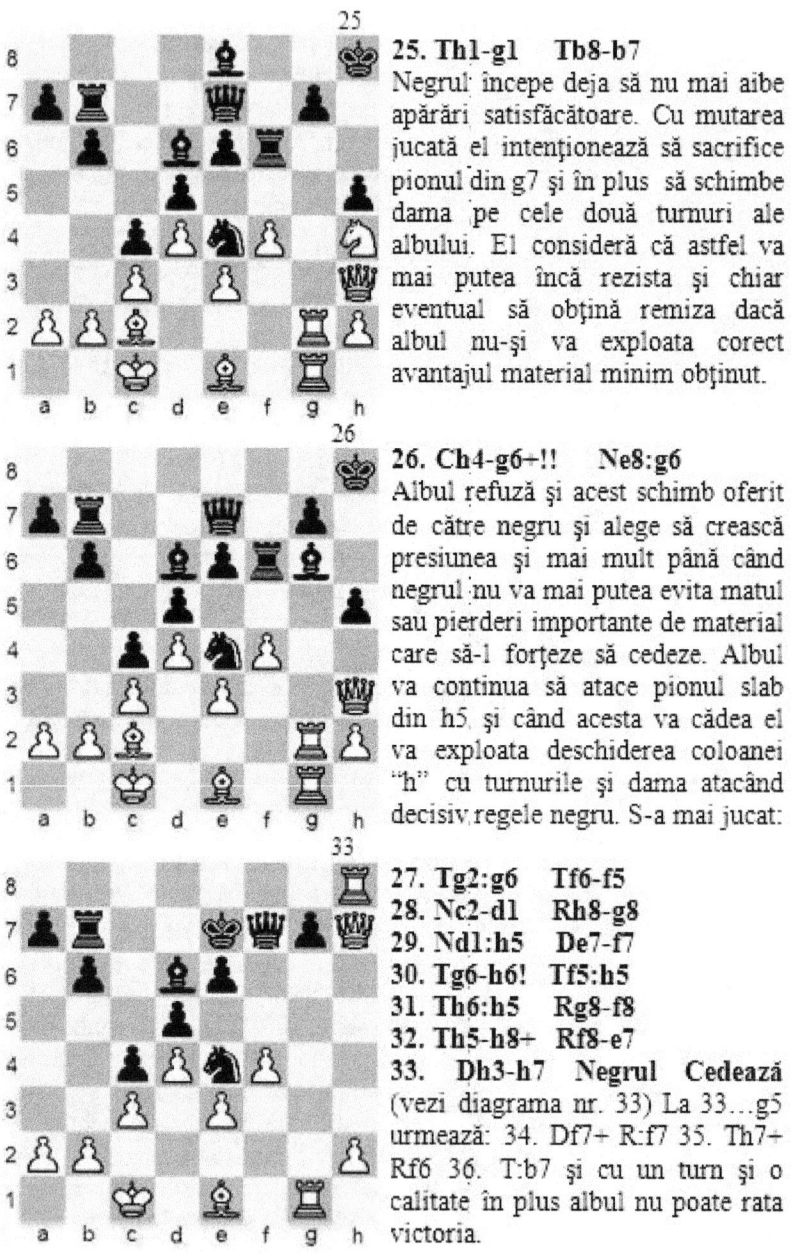

**25. Th1-g1    Tb8-b7**
Negrul începe deja să nu mai aibe apărări satisfăcătoare. Cu mutarea jucată el intenționează să sacrifice pionul din g7 și în plus să schimbe dama pe cele două turnuri ale albului. El consideră că astfel va mai putea încă rezista și chiar eventual să obțină remiza dacă albul nu-și va exploata corect avantajul material minim obținut.

**26. Ch4-g6+!!    Ne8:g6**
Albul refuză și acest schimb oferit de către negru și alege să crească presiunea și mai mult până când negrul nu va mai putea evita matul sau pierderi importante de material care să-l forțeze să cedeze. Albul va continua să atace pionul slab din h5 și când acesta va cădea el va exploata deschiderea coloanei "h" cu turnurile și dama atacând decisiv regele negru. S-a mai jucat:

27. Tg2:g6    Tf6-f5
28. Nc2-d1    Rh8-g8
29. Nd1:h5    De7-f7
30. Tg6-h6!   Tf5:h5
31. Th6:h5    Rg8-f8
32. Th5-h8+   Rf8-e7
33. Dh3-h7    **Negrul Cedează**
(vezi diagrama nr. 33) La 33...g5 urmează: 34. Df7+ R:f7 35. Th7+ Rf6 36. T:b7 și cu un turn și o calitate în plus albul nu poate rata victoria.

# CURS DE ŞAH ŞI MANAGEMENT ŞTIINŢIFIC

## Rezumat

Viziunea sistemică ştiinţifică asupra organizării şi managementului partidei de şah formează în creierul jucătorului obişnuinţa de a o vedea ca pe un întreg, desfăşurându-se de la prima şi până la ultima mutare conform unui plan strategic stabilit în prealabil. Acesta dă o coerenţă şi o forţă deosebită mutărilor şi un caracter cvadruplu atac-apărare şi strategic-tactic acestora. Jucând cu respectarea tuturor cerinţelor de organizare şi management ale gândirii şahiste prezentate în partea a doua a cărţii, jucăorul ajunge să utilizeze eficient toate resursele de care dispune. Însuşirea cunoştinţelor noi prezentate aici necesită un minim efort, dar acesta este din plin răsplătit ulterior în timpul partidelor, mutările cele mai eficace putând fi găsite cu o uşurinţă de necrezut. Jucătorul ştie ce are de făcut cu precizie în fiecare fază, în fiecare moment. În partida de faţă de pildă, în primele patru mutări, jucate într-o ordine anume stabilită anterior, albul crează formaţia de patru pioni destinată să închidă jocul până la sfârşit (vezi diag. 4, 13, 33) În diagrama 13 se poate observa cu claritate că toate mutările albului ce au urmat au avut un singur scop: gruparea pieselor pentru atac. Rezultatul se vede in diag 33.

Urmărind cu atenţie "filmul" partidelor de mai sus, se poate înţelege pe deplin partida de şah în ansamblu şi totodată în detaliu, cum se poate juca simultan pentru îndeplinirea unui plan strategic, pe de o parte, şi pentru a limita activ şi combate jocul adversarului, pe de altă parte, cu mutări ce au de fiecare dată cvadruplu caracter, de apărare-atac şi strategico-tactic.

## 9. Rezumat

În cartea de față sunt mai întâi analizate și redefinite într-o viziune sistemică științifică toate conceptele de bază privind organizarea și managementul activităților umane complexe, inclusiv afacerilor mici și mijlocii. Redefinirea s-a făcut pe baza unei legi a naturii recent descoperită chiar de către autor: *Legea universală a organizării* reprezentată grafic de *Modelul universal al organizării și managementului.*

Cum poate fi utilizată practic această lege a naturii și conceptele redefinite pe baza ei la îmbunătățirea deciziilor managerilor în orice activitate se arată apoi și practic, într-un studiu didactic aplicativ al jocului de șah, cu exemple din partide jucate impotriva calculatorului.

Cartea apare atât în format paperback cât și în format digital, astfel încât pe filmul partidei oricine poate face o analiză cât se poate de amănunțită pentru a descoperi cum se împletesc şi se completează reciproc cele patru caractere ale mutărilor, dar şi cum poate fi "citită" o partidă, înainte, înapoi şi în ansamblu ca pe o poveste, ca pe un lanţ de întâmplări interesante, bucurându-te din plin de tainica frumuseţe a acestui miraculos joc al imaginaţiei şi inteligenţei.

A venit vremea ca managementul tradiţional, dezvoltat empiric doar pe bază de observaţii din experienţa practică, să fie înlocuit de *managementul sistemic*, o relativ tânără ştiinţă interdisciplinară care integrează armonios cunoştinţe în principal din *sistemică* şi *cibernetică*.

Procesul de maximizare a profitului poate fi desfăşurat cu succes dacă afacerea este organizată şi condusă ca un sistem cibernetic adaptabil, pe baza ştiinţifică oferită de această carte.

În câteva ore de lectură a acestui mini curs de management ştiinţific, cititorul poate întelege de ce astăzi, mai mult ca oricând în trecut, pentru a obţine înaltă performanţă, este clar nevoie de o abordare şi soluţionare sistemică a problemelor de organizare şi management.

Pe scurt, cititorii află cum îşi pot construi şi conduce corect şi rapid sistemele necesare pentru a-şi atinge scopurile în afaceri dar şi în viaţă.

# 10. Bibliografie

1. Taylor, Frederick Winslow, *The Principles of Scientific Management*, New York, 1911;

2. Fayol, H., *Administration industrielle et générale,* Dunod, Paris, 1916 ;

3. Mihăescu C., *The Universal Law of Organization*, în *Proceedings I of The Fourth International Conference on Business Excellence,* 16-17 October 2009, Braşov, România / ed. Constantin Brătianu, Dorin Lixăndroiu, Nicolae Al. Pop – Braşov: Infomarket, 2009, p. 290.

4. Nicolescu O., *Noutăţi în managementul internaţional*, Editura Tehnică, Bucureşti, 1993, p. 18.

5. Mihăescu C., *Şah şi cibernetică,* Editura Sport-Turism, Bucureşti, 1986.

6. Mihăescu C., *L'utilisation de la conception systémique dans la projection des sous-systèmes informatiques servant a la direction des activités dans les entreprises*, în Proceedings I of the International Symposium on Applications of Mathematics in System Theory, 27-30 Dec. 1978, Transilvania University of Brasov, Romania, p. 111.

7. Mihăescu C., *Noţiunile de "organizare" şi "conducere" în viziune sistemică*, în Revista Economică, nr. 49, Bucureşti, 1980, p. 20.

8. Mihaescu C., *Critical Success Factors in Organization and Management*, CreateSpase, USA, 2013.

Pentru succesul tău

Constantin Mihăescu

ctinmihaescu@gmail.com

## 11. Despre autor

Constantin Mihăescu este inginer mecanic, manager, informatician, expert management consulting, cercetător științific, scriitor. După o îndelungată cercetare și multe experimente a descoperit *Legea universală a organizării*, o lege a naturii, reprezentată grafic prin *Modelul universal al organizării și managementului*. Una dintre temele de cercetare a fost aplicarea organizării sistemice și a managementului științific în gândirea umană ca să dea maximum de randament. În urma acestei cercetări a scris cartea ȘAH ȘI CIBERNETICĂ – un amplu manual de șah științific. Fost semifinalist în Campionatul Național de Șah al României.

www.ingramcontent.com/pod-product-compliance
Lightning Source LLC
Chambersburg PA
CBHW051539170526
45165CB00002B/797